コロナ禍による
経済的変化と対処方策

コロナ禍下・後の市場流通のあり方を考える

【監修】
市場流通ビジョンを考える会幹事会

【編集】
藤島廣二

筑波書房

はじめに

　2020年2月以降、新型コロナウイルス感染症（COVID-19）の世界的な蔓延によって、様々な多くの変化が新たに生まれ、従来からの変化も多くが速度を増した。日本国内の市場流通（卸売市場経由の流通）にかかわる変化に限っても、枚挙にいとまが無い。例えば、インバウンドの激減や外出自粛・時短営業等によって外食業界の売上高が大幅に減少した結果、高級食材等の需要が落ち込み、夕張メロンや生鮮マグロ等の高級品の価格が驚くほど下落した。あるいはテレワーク等による"巣ごもり"需要の増加によって、外食業界の後退が目立った一方、食品スーパーは生鮮品を中心に売上が大きく伸び、どちらに対応していたかで卸売市場業者の間で明暗が分かれた、等々である。

　これらの変化のいずれが今後、さらに激しさを増すのか、緩やかになるのか、それとも元に戻るのか。残念ながら、先行きを読むのは難しいものが多い。経済の回復という点だけでみても、2020年の経験からコロナ禍がある程度収束すれば速やかな"一定程度の回復"は見込まれるものの、"完全回復"の時期となると判断は容易ではない。

　とは言え、企業の経営者・経営幹部は容易であろうと無かろうと、必ずや決断をくだし、歩みを進めなければならない。"難しいから"との理由で決断を先延ばしすることは許されない。それゆえ、経営者・経営幹部は決断し実行するために、可能な限り多くの情報を集め、取捨選択を行った上で、自らが納得するだけでなく、多くの人が納得しうる論理を構築しなければならない。

　本書はこうした状況を鑑みて、コロナ禍がどのような経済的変化を引き起こし、どのような影響を及ぼしたか、それに関して卸売市場はどのような対応策をとれるか、等を明らかにすることを試みた。卸売市場関係企業の経営者・経営幹部等の方々にいささかでも参考にしていただけるところがあれば、

市場流通ビジョンを考える会幹事会、執筆者ともども大きな喜びである。

　なお、本文は2部構成とした。第1部（第1章〜第4章）ではコロナ禍によってどのような変化が生じたか、どのような影響が現れたか等を、消費・購買行動や販売行動等との関連において、かつ青果物、水産物、花きの分野ごとに明らかにし、対応策の立案・実行の重要性を指摘した。第2部（第5章〜第10章）では第1部を受けて、ICT・DX・AIの活用による変化への対応策、さらには変化に応じた業務の多様化や機能中心の施設整備のあり方、等について論じた。

　最後に、本書の出版にあたってたいへんお世話になった筑波書房の鶴見治彦氏に、心から厚く御礼申し上げたい。

2021年（令和3年）4月

市場流通ビジョンを考える会幹事会

iv

目　次

第1部

コロナ禍の影響と諸変化

第1章　消費・購買行動の変容と影響

　2021年1月7日、新型コロナウイルス感染症（COVID-19）の第3波対策として緊急事態宣言が再発出された。前年の3月下旬から感染者が急増し始めたコロナは、一時的に穏やかになることはあったものの、これまでの1年ほどの間、終息状態と言えるほど勢いが弱まることはなかった。そのため人々は長期間にわたって外出自粛、外食自粛等を強いられてきた。当然、人々の活動・行動は変容を余儀なくされた。本章では人々の消費・購買行動を中心に、その変化の内容と経済的影響について究明することにしたい。

1　インバウンド需要4兆円の喪失

　今回の新型コロナウイルス感染症の蔓延によって起きた最大の変化は、インバウンドといわれる訪日外国人数の激減であろう。

　政府観光局の推計によれば、訪日外国人の数は2012年の年間800万人ほどから増え始め、コロナ問題が起きる前年の2019年には4倍近い3,188万人に達した。ところが、2020年に入ると中国武漢市のロックダウン（1月23日〜4月7日）の影響を受け、早くも2月には訪日外国人数は前年同月の42%、109万人に急減した（**表1-1**）。さらに、3月からはコロナ感染が広がっていた国からの入国制限が始まり、一時期、159カ国・地域からの入国が禁止された。そのため5月の訪日外国人数はわずか1,663人にまで減少し、前年5月の0.1%にも満たなかった。

　その後、7月から入国規制が徐々に緩和され、訪日外国人数も少しずつ戻ってはいるものの、12月時点で6万人を下回ったままである。しかも、2021年1月7日に緊急事態宣言が再発出され、入国規制の再強化が始まった。

　訪日外国人数の著しい減少は、当然、インバウンド需要（日本国内での消

表 1-1 訪日外国人数の変化

	2019 年	2020 年	20 年/19 年
1 月	2,689,339 人	2,661,022 人	98.95 %
2 月	2,604,322	1,085,147	41.67
3 月	2,760,136	193,658	7.02
4 月	2,926,685	2,917	0.10
5 月	2,773,091	1,663	0.06
6 月	2,880,041	2,565	0.09
7 月	2,991,189	3,782	0.13
8 月	2,520,134	8,658	0.34
9 月	2,272,883	13,684	0.60
10 月	2,496,568	27,400	1.10
11 月	2,441,274	56,700	2.32
12 月	2,526,387	58,700	2.32
合計	31,882,049	4,115,900	12.91

出所：日本政府観光局推計

費支出）の著減でもある。

　観光庁の調査から訪日外国人の国内での総支出額をみると、2019年の約5兆円まで顕著な増加傾向であった（2012年の1兆861億円から19年の4兆8,135億円へ、4.4倍増）。が、2020年には訪日外国人数の減少と相まって、支出額も大幅に減少した。データが公表されている1～3月の支出額で2019年と20年とを比較すると、前者が1兆1,518億円、後者が7,072億円で、4割もの減少であった。

　ただし、この3カ月間の合計訪日外国人数の減少は5割ほどで、確かに大幅ではあるものの、2020年の1年間を通してみると特に大幅と言えるものではなかった。年間の減少幅はそれを何回りも上まわる9割近いものだったからである（**表1-1**）。この点を念頭に2020年の訪日外国人の年間支出額を推計すると、前年の8割減の1兆円弱にとどまる。すなわち、4兆円のインバウンド需要が失われたのである。

　また、支出額の内訳をみると、飲食費が2割強、買物代と宿泊費が30～35％と、この3費目が大きい（**図1-1**）。ただし、買物代のうち2割前後は菓子類や生鮮品等の飲食費相当分で、宿泊費は4～5割が飲食費相当分（食材費仕入分はこのうちの半分程度）である。したがって、実質の飲食費は優

図1-1　訪日外国人の国内支出額の内訳（2019年）

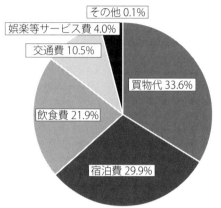

資料：観光庁「訪日外国人消費動向調査」

に支出額全体の３割を超えると推計できる。すなわち、先の2019年のインバウンド支出額５兆円のうち少なくとも１兆５千億円が飲食向けで、2020年にはそのうちの１兆２千億円超の飲食需要が失われたことになる。

2　自粛要請で社会的行動の萎縮

インバウンドは訪日外国人の消費・購買行動であるが、日本人の場合も国や地方自治体による外出や外食等に関する自粛要請によって、消費・購買行動は大きく変わった。その変化の特徴はマスコミでも言われたように "巣ごもり需要の増加" であり、より的確には「社会的行動の萎縮」である。そのことは家計支出の変化から読み取れる。

変化の一つは、従来減少傾向にあった支出項目の多くにおいて、コロナ問題を契機に逆に支出額が増加したことである。そうした項目とは生鮮肉、酒類等である。

「家計調査」によれば、家庭の生鮮肉への支出額はコロナの感染が国内で問題視される前の2020年１月まで、毎月、前年同月よりも明らかに減少して

表 1-2 1 世帯当たり平均支出額の対前年同月増減率の変化（2 人以上世帯）

（単位；%）

	米	生鮮魚介	生鮮肉	生鮮野菜	酒類	外食	交通	旅行	交際費	消費支出合計
2019 年 1 月	-2.3	-0.1	-0.3	-13.9	-4.8	-1.9	3.5	17.3	-3.1	2.3
2 月	-5.4	-5.4	-2.3	-14.3	-2.7	4.9	9.6	-5.3	-9.2	2.1
3 月	0.9	-2.0	-0.3	-11.9	-2.5	3.3	18.4	11.6	9.2	2.7
4 月	-0.9	-1.8	-2.6	-4.4	-3.6	6.3	21.0	32.7	-5.4	2.3
5 月	-5.7	2.6	-2.9	-2.1	-1.1	9.7	26.4	11.2	8.5	7.0
6 月	-8.0	0.6	-2.2	2.1	4.2	4.2	13.6	14.1	-2.5	3.5
7 月	-10.6	0.5	-5.3	-2.6	-3.1	2.8	13.6	13.5	2.2	1.6
8 月	-8.5	1.0	-2.4	-7.3	6.4	2.7	9.0	7.3	14.1	1.3
9 月	-0.3	-1.5	-4.8	-5.1	29.1	5.6	23.8	4.7	0.0	10.8
10 月	-2.0	-2.8	-5.4	-8.3	-13.4	-5.6	-19.6	-3.5	18.3	-3.7
11 月	-12.2	1.0	-2.2	-5.2	2.1	4.6	-0.4	6.7	-3.8	-0.8
12 月	-0.2	2.9	-1.9	1.2	4.0	1.6	-1.9	-0.9	-10.4	-2.4
2020 年 1 月	-5.9	-4.1	-4.3	-3.5	5.2	4.8	-6.3	-21.1	-3.1	-3.1
2 月	6.5	2.5	5.3	-0.1	12.5	3.4	-14.2	-11.2	7.0	0.2
3 月	16.3	3.8	10.9	8.6	9.5	-30.6	-51.0	-71.5	-24.9	-5.5
4 月	12.4	6.6	21.9	21.5	22.5	-64.8	-72.3	-94.0	-26.3	-11.0
5 月	7.6	10.7	25.9	20.0	26.9	-58.9	-67.3	-91.8	-37.8	-16.2
6 月	4.4	9.8	12.2	9.9	17.4	-33.5	-47.3	-78.8	-15.1	-1.1
7 月	9.6	8.6	15.8	15.2	12.2	-26.6	-60.9	-75.2	-16.7	-7.3
8 月	9.6	10.3	16.9	25.8	11.7	-33.0	-64.6	-79.1	-28.9	-6.7
9 月	2.9	4.2	9.6	7.6	5.9	-21.5	-54.4	-60.7	-18.9	-10.2
10 月	-11.5	3.7	10.6	8.4	22.1	-4.6	-27.3	-39.5	-26.1	1.4
11 月	-6.1	7.1	10.0	6.8	14.2	-13.7	-42.3	-50.4	-16.2	0.0

出所：総務省「家計調査」

いた（**表1-2**）。焼肉を提供する外食店が増えたことに加え、家庭内の焼肉
は後片付けや臭いの問題等で敬遠されがちだったからである。それが 2 月以
降になると、増加傾向に転じ、緊急事態宣言期間であった 5 月には前年の同
じ月より 26％ も増加した。3 密回避のために外食の自粛を余儀なくされたか
らにほかならない。酒類も会食・宴会等、外で飲む機会が多いことなどから、
庶民のささやかな消費増税対策であった "駆け込み需要" が起きる前までは、
家計支出は前年に比べ減少傾向であったが、2 月から大きく増加した。特に
4 月と 5 月は "駆け込み需要" 期の前年 9 月と似通った増加率になったほど
である。

　もうひとつの変化は、逆に支出額が増加傾向であった項目が減少傾向に転
じたことである。その代表的な項目は外食と旅行である。

　外食への支出額は2020年2月までほぼ一貫して前年よりも増加する傾向にあったものの、3月から大幅に減少した。4月には前年に比べ65％の減少、5月には59％の減少であった（**表1-2**）。緊急事態宣言が強く影響した結果と言えよう。旅行への支出は外食をも上まわる減少で、4月は94％減、5月は92％減であった。国の支援策である「Go To トラベル」が7月下旬から始まったことで減少幅は縮小したものの、それでも10月40％減、11月50％減にとどまった。

　こうした"巣ごもり"傾向の強まりは、生鮮肉、生鮮野菜等の調理素材への支出の増加や、交際費支出の減少等からも推測しうるように、家計の消費支出額全体の減少をも伴うものであった。実際、3月から9月まで前年同月との比較での減少が続いた（**表1-2**）。しかも、2019年10月から20年1月にかけての消費増税後の減少幅をも大きく上まわるものであった。旅行等の社会的行動を自粛せざるを得ない先行きの不安から、消費支出を抑制する心理が働いたものと考えられる。

3　サービス業の規模の縮小

　訪日外国人数の激減や人々の社会的行動の萎縮は、当然、様々な分野に強い経済的影響を及ぼした。特に人を集める業種であるサービス業において、売上高規模の顕著な縮小を引き起こした。

　宿泊業、外食業、結婚式場業、葬儀業の4業種を取り上げ、それぞれの売上高の対前年同月比の推移をみると、2020年1月ないし2月まではいずれの業種とも売上高は前年と同程度か増加する傾向さえ示していた（**図1-2**）。なかでも結婚式場業は2019年8月の比率が131％で、前年より31％も伸びた。また2020年2月も122％と、22％も増加した。ところが、コロナ感染症が問題視され始めた2月末ごろから状況が一変し、3月から4業種とも明らかな減少に転じた。葬儀業こそ最大の減少幅は4月の24％減（それゆえ同月の売上高は前年の76％まで下がった）であったものの、外食業は4月が40％減、

図1-2　宿泊業・外食業・結婚式場業・葬儀業の売上高の対前年同月比の変化

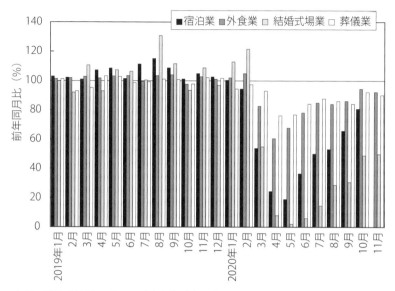

出所：総務省統計局「サービス産業動向調査」、(一社)日本フードサービス協会資料、
　　　経済産業省「特定サービス産業動態統計調査」

宿泊業は５月が81％減であった。最もひどかったのは結婚式場業で５月が
98％減、すなわち同月の売上高は前年のたった２％になってしまったのであ
る。

　これらの比率の低下は金額でどの程度の減少になったのであろうか。正確
な金額を算出することはできないが、"あたらずといえども遠からず"の考
えで2020年の年間売上高とその減少額等を大まかに計算すると以下のとおり
であろう。

　葬儀業：2019年の総売上高約６千億円と、2020年１～11月の対前年平均減
少率13％で計算すると、2020年の年間総売上高は5,200億円。すなわち、前
年に比べ800億円の減少で、そのうちの15％程度（120億円）が飲食費、10％
前後（80億円）が献花費と推測される。ただし、献花費に親類や知人の献花
分も加えるならば、総売上高の減少分はさらに増え、献花費の比率も20％程

度にまで高まるであろう。

　外食業：2019年の総売上高26兆円（ホテル等での飲食分も含む）と、2020年 1 〜11月の対前年平均減少率15％で計算すると、2020年の年間総売上高は22兆円で、 4 兆円の減少。減少分のうち35〜45％（1.4〜1.8兆円）が酒類等も含めた食材の仕入分に相当。また0.1％未満（数億〜15億円）が花きの仕入分に相当するとみられる。

　宿泊業：2019年の総売上高 5 兆6,500億円と、2020年 1 〜10月の対前年平均減少率42％で計算すると、2020年の年間総売上高は 3 兆2,800億円。減少額は 2 兆3,700億円で、そのうち40〜50％（9,500億〜 1 兆1,800億円）が飲食費。花き費は 1 ％前後（150億〜250億円）。

　結婚式場業：2019年の総売上高2,540億円と2020年 1 〜11月の対前年平均減少率57％で計算すると、2020年の年間総売上高は1,090億円。それゆえ減少額は1,450億円。このうち飲食費は30％前後（430億円）で、花き費は 2 〜10％（30億〜150億円）程度となる。

　以上の 4 業種を一括するすると、その合計売上高は2019年の32兆5,000億円から20年の25兆9,000億円へ、 6 兆6,000億円ほど減少した。そのうち飲食費の減少分が 2 兆5,000億〜 3 兆円（食材費だけでなく、人件費等も含む）、花き費の減少分が300億〜550億円と推測できる。もちろん、これらの売上高の減少は食材や花き等に対する業務用需要の縮小でもある。

4　小売業における収縮と伸長

　小売業界においては、コロナ禍の影響を受けてサービス業と同様に売上高が前年より縮小した業種と、逆に売上高が伸びた業種とに分かれた。縮小した業種の代表は百貨店とコンビニエンスストアである。ただし、百貨店がコロナ問題の発生以前から縮小傾向であったのに対し、コンビニは同問題の発生を契機に拡大傾向から縮小傾向に転じた。一方、売上高が伸長した業種の代表は家電店と食品スーパーマーケットである。家電店は食品や花きを取り

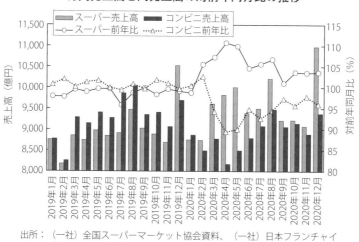

図1-3　食品スーパーマーケットとコンビニエンスストアの
月間売上高と同売上高の対前年同月比の推移

出所：（一社）全国スーパーマーケット協会資料、（一社）日本フランチャイ
ズチェーン協会資料

扱う店舗ではないので除くことにするが、食品スーパーは興味深いことにコ
ンビニとは真逆の動きを示した。

　そのことを正確に把握するために、食品スーパーとコンビニの月々の売上
高をみると、両者とも2019年 1 月から20年12月にかけて、一部の月を除き毎
月ほぼ 8 千億円から 1 兆円の売上高である（**図1-3**）。年間でそれぞれ10兆
〜11兆 5 千億円にのぼる。互いに極めてよく似ていると言える。しかし、
月々の両者の売上高を比較すると、2019年は12月を除くと、各月ともコンビ
ニの売上高が食品スーパーを上回っていたのに対し、2020年は 1 月を除いて
逆に食品スーパーが上回っている。しかも、前年の同じ月と比較した売上高
の伸び率をみると、コンビニは2020年 2 月までのプラス（**図1-3**の対前年同
月比が100％を上回っている）から、 3 月以降はマイナスに落ち込んだ。こ
れとは反対に、食品スーパーは同年 1 月までの連続したマイナスから、 2 月
以降はプラスに転じた。特に 4 月の対前年同月比は食品スーパーが111％で、
売上高を前年よりも11％増やしたのに対し、コンビニは89％で、売上高を

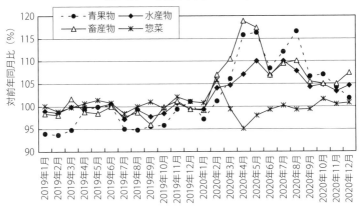

図1-4　食品スーパーマーケットにおける生鮮３品と惣菜の
売上高の対前年同月比の推移

出所：（一社）全国スーパーマーケット協会資料

11％減らした。

　こうした変化を引き起こした最大の理由は、コンビにはなくて食品スーパーにある商品で、かつ売上高の３分の１以上を占める主要な商品、すなわち生鮮３品（青果物、水産物、畜産物）の売れ行きの変化であろう。事実、2020年１月まで食品スーパーにおいて生鮮３品の売上高が前年を上回るのはごくまれでしかなかったにもかかわらず、２月以降は一転して各月ともかなり大きく上回るようになった（**図1-4**）。なかでも４月、５月は前年の同じ月より15％以上も伸びた生鮮品が多い。ちなみに、コンビニでよく売られていて、食品スーパーでも重要度が増していた惣菜の場合、20年２月まで前年を上回る月が多かったものの、３月以降は反対に前年を下回る月が多くなった。

　生鮮３品の売上高の増加は、改めて指摘するまでもなく、"巣ごもり需要"（家庭用需要）が増えた結果にほかならない。ただし、単なる"巣ごもり需要の増加"というだけでなく、社会的行動の自粛等による先行き不安から消費支出を抑制する心理が働き、付加価値の高い惣菜・弁当等よりも、比較的安価に購入できる生鮮品に対する需要が高まったと考えられる。

5　業務用価格から家庭用価格へ

これまでにみてきた変化は、最終的には価格に反映する。もちろん、価格はコロナ禍の影響だけで決まるものではないが、今回の変化は多くの人々がこれまで経験したことがなかったような大きなものであっただけに、影響度合いはかなり強いとみて間違いない。特に業務用需要が縮小し、生鮮品に対する家庭用需要が増加したことは注目に値する。

そこで東京都中央卸売市場の月々の卸売数量と平均単価（1kg当たり平均卸売価格）を品目ごとに概観すると、2020年には前年の19年よりも数量が減少したにもかかわらず単価が低下した品目や、逆に数量が増加したのに単価が上昇した品目、あるいは月ごとに単価が上下する品目等々、様々である。しかし、コロナ問題が顕在化する前に業務用需要が多かったと思われる品目（大葉、輪菊等）、なかでも高級品（アールスメロン、とらふぐ等）の場合、第1回目の緊急事態宣言が発出された4～5月を中心に、数量の増減にかかわらず単価が低下した品目が多くみられる。これに対し、元々家庭用需要の比率が高い品目（はくさい、いわし等）の場合、数量が前年よりも減少した時期はもちろんのこと、数量が前年と同程度であっても単価が前年を上回った品目が多い。

また、類似品であるにもかかわらず対蹠的な動きを示している品目も少なくない。その代表例が和牛肉と豚肉である。東京都中央卸売市場における和牛肉の月々の卸売数量と卸売単価をみると、2020年の3～6月は前年に比べ単価の落ち込みが最も激しい（**図1-5**）。特に5月は卸売数量が1割以上も減少したにもかかわらず、単価は3割近くも低下した。一方、豚肉は1～3月は単価が前年を下回ったものの、4月以降は前年を上回ったままである。しかも、6月以降は数量も前年を上回っているにもかかわらず、である。

和牛肉は業務用需要比率が高く高級品であり、豚肉は家庭用比率が高く大衆品であるという特徴の違いを考えると、業務用需要の縮小が和牛肉の単価

図1-5　2020年の東京都中央卸売市場における和牛と豚の卸売
数量・平均単価の対前年同月比の変化

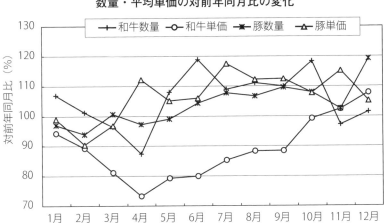

出所：東京都中央卸売市場資料

の低下に作用し、家庭用需要の増加が豚肉価格を高めに維持したと判断でき
る。が、ここで留意すべきは業務用需要の縮小がそのまま和牛肉需要の減少
になったわけではないことである。業務用需要の減少分の多くは家庭用需要
の増加によって代替されているのである。ただし、大半の家庭は高級品を望
んだとしても、価格にはシビアなのである。すなわち、業務用需要に替わっ
て家庭用需要が増加するということは、業務用需要や贈答用需要によって支
えられている高級品の高価格を引き下げる方向に作用することになる。

　今後、コロナ感染症が終息に向かえば業務用需要が再び増加し、高級品の
価格も上昇することは間違いないであろう。しかし、コロナ問題からの回復
は自粛等に対する反発等から、ある程度までは急速に進むと思われるが、完
全に回復し新たな生活様式を構築するまでにはかなりの期間を要するであろ
う。それまでは家庭用需要に依拠する価格形成が高級品でもみられることに
なろう。

第2章　コロナ禍による青果物市場流通の変容

　2020年3月以降、青果市場は全体に好調だった。しかしこれは巣ごもり需要と市況高で、「追い風」が吹いただけともいえる。同年冬作の野菜は豊作型とも言われ、実際に同年11月はかなり市況が下がり、これまでとは販売環境が大きく変わってきている（**表2-1**）。業務用（飲食店）納品主体の青果仲卸には、4～5月の売上げが前年比7割減というところもある。

　2020年11月時点では徐々に経済活動や人の流れは戻ってきており、スーパーでもチラシやセールを打つようになっている。しかし、これまでのような「試食」や「人を集める」販促がしにくい。一部ではミカンなどのサンプルを渡すなどの試行はあるが、実施できるアイテムはかなり限られる。しかも市況低迷に陥ろうとしている中では、「新しい生活様式」に対応した販促方法が必須だ。どのような変化が起きているであろうか？

表2-1　東京都中央卸売市場の部類別取扱金額

（単位＝円、％）

	青果			水産			花き		
	2020年	2019年	前年同月比	2020年	2019年	前年同月比	2020年	2019年	前年同月比
3月	46,098,414,264	44,260,249,228	104.15	29,722,901,751	35,616,727,010	83.45	7,578,040,547	9,248,373,604	81.94
4月	44,658,966,184	45,048,875,902	99.13	23,645,189,732	36,135,131,051	65.44	3,881,577,547	6,627,627,476	58.57
5月	43,196,234,258	42,865,711,300	100.77	25,286,286,368	32,729,490,689	77.26	6,207,399,605	8,196,422,335	75.73
6月	47,021,894,596	42,977,696,921	109.41	30,134,939,721	32,229,512,234	93.50	5,304,219,210	5,120,945,323	103.58
7月	50,446,327,725	44,297,097,169	113.88	30,632,978,003	33,468,890,828	91.53	5,999,519,752	5,906,375,212	101.58
8月	53,374,289,118	46,628,643,245	114.47	29,199,357,551	31,944,590,023	91.41	6,606,864,732	6,339,013,703	104.23
9月	46,369,362,915	47,720,319,689	97.17	30,237,625,347	32,808,139,487	92.17	7,398,770,731	7,817,197,370	94.65
10月	49,796,970,610	43,781,090,809	113.74	34,785,804,721	34,141,133,403	101.89	6,157,434,818	5,867,227,044	104.95
11月	41,856,504,372	45,313,769,593	92.37	33,715,088,213	37,426,397,006	90.08	6,479,650,198	6,810,236,514	95.15

出所：東京都中央卸売市場HP

1　「新しい生活様式」に対応するデジタルサイネージやドライブスルー

　その一つは「デジタルサイネージ」だろう。一例を挙げると、インパクトホールディングス社が提供する「オンライン対応型サイネージ」がある（**写**

写真2-1　インパクトホールディングス社の「オンライン対応型サイネージ」

真2-1）。これは売り場の大型モニターで販促を行うもの。

　主な用途は2通りあり、まず「デジタル推奨販売」では、マネキンや実演販売士などが商品説明する動画を流す。1つの動画を流しっぱなしにするのではなく、複数の動画を流したり、あるいは客が近寄ってきたことをセンサーで関知して、そのタイミングで始めることもできる。動画は本社などのパソコンから一括して配信する。

　また、「オンライン推奨販売」は、売場に設置した大型モニターを通じて、販売員などと客がコミュニケーションする形式。キッチンスタジオなど売場ではない場所でのデモンストレーション、マネキンが簡単なレシピを作っている様子、産地での収穫の様子、あるいは卸売市場の競りなどの動画を流すことも可能だ。こちらも複数店舗で同時に見ることができる。

　このような販促方法はコンテンツが命。流通業者がそのコンテンツを提供することで、納品する商品の販売増加に寄与することもできるのではないか。

　また、いわゆる「ドライブスルー八百屋」がブームとなった。外食・中食を中心に青果卸販売を行うフードサプライ（竹川敦史社長、東京都大田区）では2020年春、いち早くドライブスルーによる野菜販売「ドライブスルー

写真2-2　フードサプライの「ドラブスルー八百屋」（利用者の車への積み込み）

八百屋」を開始した（**写真2-2**）だけでなく、そのノウハウを活かしてドライブスルー参入を希望する業者を支援。さらに、野菜や果物、タマゴ、コメ合わせて20品目以上セットした「もったいない野菜セット」など、新たなビジネスも生まれている。

　イオンでも「ドライブピックアップ！」を展開している。ネットスーパーもさらに伸長が見込まれる。このような需要にどう対応し、どう取り入れるか？　おすすめ商品をセットしての納入、セット商品としての商談などもあるかも知れない。

2　人手不足と相まって増加するパッケージに青果仲卸が対応

　一方、コロナ禍では、パッケージへの需要がさらに増えている。とくに都市部では「他の人が触った商品を敬遠する」消費者が増えているという。さらに単身世帯や核家族の増加により、２分の１あるいは４分の１などへの加工が増加している。当然ながらカットするだけでなく、その後のシュリンク包装が必須となる。しかし、青果物流通は慢性的な人手不足で、とくに都市

写真2-3　松紀プロセスセンターでのパック作業

部のスーパーでは自社のプロセスセンターあるいは店舗バックヤードでの加工が困難となり、納入業者に依頼するのが一般的だ。

その点で重視されているのが、加工機能を持った有力な青果仲卸（仲卸機能を持つ流通業者を含む）である。

しかし有力仲卸といえども、パート確保、とくに早朝からパートを集めることは非常に難しくなっている。そのために大手仲卸などでは、コールドチェーン機能を備えたセンターを設置している。コールドチェーンにより必ずしも納入する全量を当日加工する必要はなく、ほぼ毎日一定量がオーダーされるレギュラーアイテムなどは前日に準備する。

一例を挙げると、東北最大手の青果仲卸である松紀（秋田市）では、既設の加工センターに加えて「秋田南青果センター・プロセスセンター」を新設した（**写真2-3**）。敷地面積は約1万7千㎡、延床面積（2階建）は約1万1千㎡。コールドチェーンを完備し、3つの加工室および商品検査室を備え、カット野菜などの製造も視野に入れる。とくにパッケージ機能を充実させ、秋田自動車道・秋田南インターから5分という立地を活かし、首都圏や仙台など大都市への販売を強化。そのカギとなるパートは、センターに社

写真2-4　フジアグリフーズの加工商品

会福祉法人の事務所を誘致し、障がい者を中心に雇用。社会福祉法人のスタッフも加工作業を一緒に行うことで、作業指導や危機管理なども万全にしている。地価や人件費が高い都市部ではできない「地方都市だからこそできるビジネスモデル」として注目されている。

　一方、中四国にスーパーを展開するフジ（本社＝松山市）のグループであるフジ・アグリフーズ（松山市中央卸売市場）は、市場隣接の本社流通センターを改装した。延床面積は4,504㎡。鮮度保持フィルムによる自動包装ラインを導入。とくに葉物野菜については、気化式加湿機の活用などで鮮度を落とさずに翌日分のレギュラーアイテムを加工し（**写真2-4**）、開店前に納入。これにより店頭での加工作業を削減し、開店時からの品揃えを強化する。午前8時から作業開始し、当日第2便の商品を加工。店舗のバックヤードでの作業が軽減され、また早朝作業をしなくても対応可能に。さらに鮮度維持でロス率が下がり、本格稼働以降、センターロス率は半減し、店頭でのロス率も低下。「長いままではエコバッグに入らない」という顧客の意見を取り入れた「長ネギ2分の1カットを2本組み合わせたピロー包装」など、売れ筋商品にも加工する。

　このような機能を持った大手仲卸への取引依頼は増加しており、とくに都市部では拠点市場大手卸を通じて持ち込まれる新規依頼に応えられない場合があるだけでなく、「納入側の仲卸がスーパーを選ぶ」ということも起っている。10年程前までの価格低迷期のような、不当な協賛金の要請や不当な返品など、「優越的地位の濫用」から抜け出せない大型実需者は、徐々に取引を敬遠されることも予想される。

3　課題の働き方改革　コロナ禍で時短成功例も

　そして、働き方改革への取組みも重要だ。新型コロナの影響などで有効求人倍率が1を切っていた（仕事よりも求人者の方が多い）状況下でも、卸売市場への応募は厳しい状況が続いている。

　若い世代に入社し、定着してもらうには、「卸売市場は社会のインフラ」という「やりがい」だけを説いていても効果は期待できない。報酬はもちろん、近年それ以上に重視されているのが「時短」や「休日の確保」だ。

　時短については、手書きを極力なくして入力の手間や確認作業の軽減につなげる動きが一般的になっているほか、出荷者や販売先との事務的なやりとりをスマートフォンやタブレットで可能にする簡単なシステムが登場している。慣れ親しんだやり方を変えるには、とくにベテランのスタッフからの抵抗があるかも知れないが、ここはやはり、経営トップが将来を見越し、強い意思で改革を進めたい。

　休日については、「許可なく休日に出勤したら罰金」ではなく、「手当てを減らす」ことを実施している卸がある。「勤務時間前に出勤しない」ことを徹底している卸もある。そのような、いわば強行策をとったとしても、実際には営業に支障は出ていないという。また、時短に戻ると、早朝の買参人対応の競りについては、「前日販売が中心なのに、こんなに早く競りを行う必要があるか」という考えを持つところが出ている。第一定年を迎えたベテラン社員や、定年退職したOBがアルバイトとして担当しているところもある。

彼らもまだまだ体は動くし、慣れ親しんだ、大好きな競りを行うことは苦ではない。これにより、小売商対応も充実させながら、若い社員の長時間勤務を防止し、定着率を高めようというものだ。

　さて、コロナ禍で良かったことがあるとすれば、「仕事を早く終えて、早く帰る」ということに「後ろめたさ」がなくなり、取引先の理解も得られるようになったことではないか。

　地方都市のある青果仲卸では、大口の取引先であるスーパーからの発注時間が午後5時〜6時と遅く、社員の長時間労働が長年の悩みだった。しかしコロナ禍で接触を減らす必要性が叫ばれ、仲卸の社長は「時短への理解も高まったのでは」と判断し、意を決してスーパーに発注時間を早めるよう要請した。すると意外にもすんなり了解を得られた。元々、そのスーパーの店舗から本部への社内的な発注締切り時間は、なんと午後3時だったのだ。先方では「これまで3時を大幅にすぎても、御社では対応してくれてきたので、特に言わなかった」と返答するとともに、「当社も時短ができるので、今後は店舗担当者にしっかり発注時間を守らせる。その代わり、これまで以上によい商品を納入し、よい提案をしてもらいたい」という、互いに前向きな結末となったという。仲卸の社長は「これまでは、納入業者から顧客に迷惑をかけるようなことを言えば、取引を切られるのではと不安で、言い出せなかった。これならもっと早く言えば良かった」としている。

　コロナ禍で販売環境、いや国民の生活習慣が変わる中では、これまで"習慣のように"続けてきた売り方、仕入れ方、商習慣、そして働き方を見直さなければ生残っていけない。ただし、現状を見直し、改善するチャンスとなる可能性も秘めている。

第3章　水産物市場の変化と業者行動の変容

　水産業界は新型コロナウイルスが登場する直前まで、魚価安による漁業所得の低迷がもたらす後継者難で漁業勢力が急速に衰退するといった、バブル期以降の負の連鎖から抜け出せそうな兆しがあった。

　世界的に水産物需要が高まる中で、多くが日本に向いていた輸入魚では買い負けが常態化し、国内生産では海洋環境の変化で供給が不安定となって価格は上昇。鮮魚専門店や量販店・スーパーなどでの薄利多売に向く魚が減ったものの、産地では少ない魚の付加価値を高めることに力が注がれ、高単価帯を狙った取り組みが実を結ぶケースが増えていたからだ。観光立国を目指したことで急増していた外国人観光客（インバウンド）も追い風となった。伸長する販売先の多くが飲食・宿泊業だったが、高・中級魚や計画生産できて計算が立つ養殖魚が好んで使われ、これらが漁家経営を安定させた。高齢化による漁業者の自然減より後継者の加入は少ないものだったが、食うに困らない状況になりつつあった。卸売市場はそれへの対応が遅れつつも、伸びる高・中級魚や養殖魚を着実に取り込んで適応途上にあった。

　しかし、新型コロナによる感染拡大がこの構図を一変させた。感染拡大の温床と名指しされた飲食・宿泊業は大打撃を受けて通常営業の見通しが立たず、高・中級魚需要の激減につながった。緩やかな拡大期にあった養殖魚は有力な販売先を失い、国の緊急対策事業がなければ魚を捌けない状態になった。不自然にゆがめられた物流は天然魚の需要にも悪影響を与えて、業界は再び魚価安時代に逆戻りした。

　すでに、新型コロナが日常となって1年近く。以前の状態に戻る可能性は低くなった。一刻も早くウィズコロナ、ポストコロナに適応したビジネスに転換しなければならない。逆にいえば、近年はやや時代から遅れていた卸売市場にとって一気に巻き返すチャンスといえる。まず、水産業界や関連する

卸売市場の今をデータや現場の声を基に整理したうえで、今後の経営戦略を立てるためのヒントを得たい。

1　データからみる2020年の水産業界

　水産業界全体をデータからみていくと、足元の国内生産では魚価安の傾向が確実に強まった。

　水産庁の「産地水産物流通調査（2020年10月）」によると、調査対象の26品目のうちで１〜10月の水揚量の前年比の増減は、前年超えが10品目で前年割れが16品目だった。近年なら供給減で魚価高傾向になるはずが、魚価高となったのはわずか６品目にとどまった（**表3-1**）。

　サンマやカツオなど、著しい貧漁だった品目を除いて軒並み前年より安くなった。ブリ類やマダイなど、養殖生産が盛んな魚種は、数量減ながら単価安になるという傾向が如実に表れた。基本的に「産地水産物流通調査」は天然生産のみの統計だから、行き場をなくした養殖魚にマーケットを侵食されたことが分かる。

　輸入魚は総じて減少し、単価では伸び悩んだ。

　財務省の貿易統計によると１〜10月の輸入実績は数量184万トンで前年同期比８％減と１割未満の減少だったが、輸入金額は１兆1,800億円で25％減と大幅に減った（**表3-2**）。

　新型コロナで海外の混乱も大きいうえに、飲食・宿泊業の低迷で高額の生鮮商材の動きが鈍った。鮮魚専門店および量販店・スーパーの冷凍販売用に需要が堅調だったギンダラ、アカウオ、カラスガレイなどの凍魚関係は値頃になった価格を追い風に導入が進んだものの、そのほかは軟調な相場でも買い付けは手控えられた。

　全国主要冷蔵庫の在庫は、輸入魚の搬入の伸び悩みから近年最低水準に落ち込んだ。

　水産庁の「冷凍水産物流通調査」によると、10月末時点の全国主要冷蔵庫

表 3-1　品目別上場水揚量と平均価格の変化

主要品目	累積の上場水揚量（t）			累積の平均価格（1kg 当たり円）		
	平成 32 年 1 月〜10 月	31 年 1 月〜10 月	対前年 同期比	平成 32 年 1 月〜10 月	31 年 1 月〜10 月	対前年 同期比
マグロ（生）	3,738	3,349	112	1,711	1,638	104
マグロ（冷）	3,356	3,502	96	1,657	1,725	96
ビンナガ（生）	35,619	15,751	226	334	475	70
ビンナガ（冷）	19,026	5,964	319	283	452	63
メバチ（生）	2,928	3,089	95	1,259	1,235	102
メバチ（冷）	14,403	14,676	98	819	971	84
キハダ（生）	6,273	8,001	78	841	881	95
キハダ（冷）	29,469	30,656	96	326	397	82
カツオ（生）	28,043	39,223	71	330	296	111
カツオ（冷）	126,729	168,222	75	191	170	112
マイワシ	511,331	413,217	124	42	42	99
ウルメイワシ	14,012	32,610	43	69	73	94
カタクチイワシ	12,238	22,198	55	52	58	90
マアジ	64,847	65,790	99	224	227	99
ムロアジ	5,370	7,403	73	117	110	107
サバ類	219,851	283,452	78	101	104	96
サンマ	10,677	17,985	59	603	408	148
タラ（生）	28,970	26,563	109	179	215	84
スケソウダラ（生）	94,358	84,684	111	43	56	76
ホッケ	16,004	8,941	179	46	90	51
スルメイカ（生）	13,945	10,714	130	499	605	83
アカイカ（冷）	7,221	7,149	101	364	455	80
ブリ類	37,371	39,030	96	235	261	90
カレイ類（生）	9,809	9,533	103	223	283	79
マダイ	3,051	3,410	89	576	733	79
タコ類	4,375	4,751	92	517	559	93

出所：水産庁「産地水産物流通調査」2020 年 10 月

　の在庫量は71万758トンと前年同月比 7 ％減まで縮小した。新型コロナの拡大初期は、今後の生産混乱を予想して現地の在庫を手当てする動きが広がり在庫増の局面になる場面があったものの、 5 月末の77万1,992トンをピークに減少した。消化も鈍ったが搬入ほどではなく、キハダ、カツオ、ニシン、サンマで特に縮小した。

　水産物消費は、小売販売が前年比最大 1 割伸びた一方で、外食の寿司がピーク時には 6 割下落した。

　総務省の「家計調査（家計収支編）」から家計の動きをみていくと、小売店で販売されている水産物は巣ごもりによる内食需要の活発化による恩恵を

表 3-2　輸入数量と輸入金額の変化

全体		20 年 10 月末	19 年 10 月末	比較（%）
	輸入実績（トン）	1,838,604	1,996,883	92
	輸入金額（百万円）	1,180,091	1,419,840	75

魚種	部門別	20 年 10 月末	19 年 10 月末	比較（%）
サケ・マス	生鮮	28,981	30,214	96
	冷凍	166,129	162,243	102
	加工品	9,861	10,065	98
	合計（トン）	204,971	202,522	101
	単価（ノルウェー生鮮アトランティック）	1,019 円	1,032 円	99
	単価（冷凍チリギン）	537 円	720 円	75

魚種	主要国	20 年 10 月末	19 年 10 月末	比較（%）
冷エビ	ベトナム	23,149	25,060	92
	タイ国	6,658	9,042	74
	インドネシア	18,734	19,367	97
	インド	31,994	29,466	109
	その他（冷水系含む）	36,640	40,460	91
	合計（トン）	117,175	123,395	95
	単価（冷凍チリギン）	537 円	720 円	75

魚種	部門別	20 年 10 月末	19 年 10 月末	比較（%）
マグロ	生鮮	7,103	10,042	71
	冷凍	152,216	152,887	100
	合計（トン）	159,319	162,929	98
	単価（インドネシア生鮮メバチ）	1,006 円	1,075 円	94
	単価（台湾冷凍メバチ）	592 円	765 円	77

魚種	品目別	20 年 10 月末	19 年 10 月末	比較（%）
冷スリ身	スケソウスリ身	66,496	88,399	75
	イトヨリスリ身	11,769	14,505	81
	合計（トン）	78,265	102,904	76
	単価（冷凍スケソウスリ身）	337 円	369 円	91
	単価（冷凍イトヨリスリ身）	344 円	339 円	101

魚種	主要国	20 年 10 月末	19 年 10 月末	比較（%）
冷サバ	ノルウェー	29,178	37,428	78
	その他	5,806	7,268	80
	合計（トン）	34,984	44,696	78
	単価（ノルウェー）	260 円	263 円	99

魚種	主要国	20 年 10 月末	19 年 10 月末	比較（%）
冷ギンダラ	米国	5,098	4,189	122
	カナダ他	622	522	119
	合計（トン）	5,720	4,711	121
	単価（米国）	802 円	1,206 円	67

出所：財務省「貿易統計」2020 年 10 月

魚種	主要国	20年10月末	19年10月末	比較（%）
冷メヌケ・アカウオ	アイスランド	1,932	1,272	152
	ロシア	1,814	2,121	86
	米国	9,901	6,389	155
	その他	6,098	6,316	97
	合計（トン）	19,745	16,098	123
	単価（アイスランド）	446円	438円	102

魚種	部門別/主要国	20年10月末	19年10月末	比較（%）
筋子	塩蔵	1,052	1,428	74
	ロシア冷凍	1,836	2,593	71
	米国冷凍	5,528	3,456	160
	合計（トン）	8,416	7,477	113
	単価（米国塩蔵）	1,629円	1,554円	105
	単価（米国冷凍）	1,622円	1,512円	107
	単価（ロシア冷凍）	2,215円	1,994円	111

魚種	部門別	20年10月末	19年10月末	比較（%）
カズノコ	冷凍	290	317	91
	塩蔵	2,758	3,662	75
	合計（トン）	3,048	3,979	77
	単価（カナダ冷凍）	1,263円	1,164円	109
	単価（カナダ塩蔵）	1,862円	1,305円	143

魚種	部門別	20年10月末	19年10月末	比較（%）
スケコ	冷凍	42,038	41,781	101
	塩蔵	1,094	1,009	108
	調製品	3,794	4,114	92
	合計（トン）	46,926	46,904	100
	単価（米国冷凍）	527円	582円	91

魚種	主要国	20年10月末	19年10月末	比較（%）
冷イカ	中国	34,719	38,415	90
	ペルー	12,248	12,478	98
	その他	27,168	28,373	96
	合計（トン）	74,135	79,266	94
	単価（ペルー冷凍）	224円	281円	80

魚種	主要国	20年10月末	19年10月末	比較（%）
冷タコ	モーリタニア	11,172	8,447	132
	モロッコ	9,583	6,166	155
	その他	9,893	13,133	75
	合計（トン）	30,648	27,746	110
	単価（モーリタニア）	897円	1,085円	83

25

受けて、新型コロナの感染拡大以降は一貫して増加基調にある。ただ、近年の調理スキルの低下から肉類や野菜に比べると伸び率はやや小さく、食の外部化がほかより進んでいたことが裏目に出た。外食での寿司は緊急事態宣言下の5月は半分の5割にも届かない記録的な落ち込みとなった。前年割れは夏場までで、秋に映画「鬼滅の刃」とのコラボキャンペーンを大手企業が展開するなどした効果などでプラス圏に浮上したが、外食全般は大幅減が常態化した。

　いずれのデータも、事業環境が新型コロナ以前と以後で様変わりしたことを裏付けている。

　明るさがみられるのは小売の魚介類など一部だけ。すでに現状が定着して1年近くたった今、ある量販店・スーパーのベテランバイヤーは、「『作らない化』から再び『作る化』になった。もう元に戻らないと思うのでこれに合わせた対応を進める必要がある」と不可逆のものとして取り組む覚悟を話す。

　飲食・宿泊業の休・廃業も加速度的に進んでいる。飲食はもともと興亡が激しい業界とはいえ、一度撤退した店舗が再興するケースはまれ。料理人に一定のスキルを要求するものが多い魚料理は、以前と同じ店舗数に回復したとしても、料理人の平均スキルの低下は避けられない。

　宅配・ネット、ドライブスルーなどは耳目を集めるものの規模はまだ大きくなく、家庭での調理スキルが低下しているために水産物の素材がよくても完全に生かし切れない。「作る化」の進行とともに家庭での調理スキルは少しずつ回復していくだろうが、今はまだ生産・流通側が状況の変化に対応をしきれていない状況といえる。

2　卸売市場の現場から～水産物中心に～

　卸売市場流通は、日本国内における水産物流通の約5割（農林水産省調べで2017年度に49.2％）を占めるが、その影響下にある各地との市場便のネットワークや関連企業のビジネスの利用まで含めると、いまだに「7～8割が

記事3-1　コロナで需要減、細る物量

コロナで需要減、細る物量

活魚4割、マグロ5割切る　東京3市場の取扱数量

東京3市場（豊洲・大田・足立）における分類別前年比較　　（単位：％）

開市日	大物	鮮魚	活魚	冷凍	塩干加工	全分類合計
2月1週目平均（1月31日～2月6日）	102	97	96	96	108	100
2月2週目平均（2月7日～13日）	100	99	99	93	99	98
2月3週目平均（2月14日～20日）	110	92	102	126	100	101
2月4週目平均（2月21日～27日）	95	96	102	74	103	95
3月1週目平均（2月28日～3月5日）	67	89	87	96	100	91
3月2週目平均（3月6日～12日）	58	89	83	111	103	92
3月3週目平均（3月13日～19日）	117	81	76	95	97	91
3月4週目平均（3月20日～26日）	78	110	83	87	111	104
3月5週目平均（3月27日～4月2日）	85	90	70	103	102	95
4月1週目平均（4月3日～9日）	75	81	55	113	103	90
4月2週目平均（4月10日～16日）	64	69	38	98	95	79
4月3週目平均（4月17日～23日）	49	73	35	88	89	76

※東京都中央卸売市場日報を通じごとに積み上げた1日平均を2019年の同一週平均と比較。4月3週目は4月17、18日の2日間のもの

影響下にある」（豊洲卸関係者）とされる。扱う品目は国産魚と輸入魚でほぼ半々でもあるうえ、飲食・宿泊業から鮮魚専門店および量販店・スーパー、それ以外にも幅広い業種の利用者が活用していたことから、新型コロナで業界全体と総じて似た影響を受けるに至った。

東京都中央卸売市場が発表する、水産物の扱いのある豊洲・大田・足立の3市場の「市場取引情報」によると、まず初期から飲食・宿泊業向けが多く活用していた活魚およびマグロが大不振にあえいだ。

初めて緊急事態宣言が出た2020年4～5月は、全体的に需要が委縮して前年割れしたものの、活魚が最大6割減、マグロが最大5割減という壊滅的な状況になった（**記事3-1**）。

これは2020年末時点でも解消しておらず、活魚は3～4割減、マグロは1～2割減での推移にとどまった。飲食・宿泊業向けの市場規模は、残念ながらこの水準で定着したとみざるを得ない。逆に、冷凍魚や塩干加工品などは

27

買い物頻度を減らしつつ、ある程度の買いだめする小売での消費者行動の変化にうまくはまったことで回復自体は早かった。魚介類の小売販売で続く好調を今も支える。日本経済が混迷を極めて消費者の購買力そのものが落ち、小売販売の好調ぶりも秋深まる頃に一度息切れしたものの、再び感染拡大期に入ると再加速した。少なくとも2021年いっぱいは似通った状況が続きそうだ。活魚やマグロは、小売販売にいくらか回されたものの日常の延長にある消費では代替となるまでに至らない。

　東京以外に目を転じると、飲食・宿泊需要の高い市場ほど新型コロナによるダメージが大きく、「Go To」などの国の緊急対策支援事業の恩恵は劇的に表れた。一方、量販店・スーパーなどの小売店対応のシェアが高かった市場ほど減少幅はわずかで、中には水産市場には珍しく前年同月比を上回って推移する市場もあった。

　前者の事例が北海道・札幌市中央卸売市場、石川・金沢市中央卸売市場、京都・京都市中央卸売市場第一市場などで、2020年１～10月の売上金額累計は12～15％減という状況だった。「Go To」の政策効果が本格化する前は２～３割減と酷い状況だったが、政策効果がハッキリと現れた秋になって巻き返した。しかし、年末にかけての「Go To」の一時停止で再び厳しい状況に追い込まれている。

　後者の事例が宮城・仙台市中央卸売市場、福島・いわき市中央卸売市場、千葉・船橋市地方卸売市場で、仙台市場は2020年１～10月の売上金額累計が４％減未満、いわき市場と船橋市場は年度ベースで前年超えした。いずれも量販店・スーパー対応に長けていたり、飲食・宿泊業向け以外のビジネス開拓に熱心であったりする市場としてかねてより知られていた。特性が新型コロナの環境にはまった形だ。

　新型コロナがもたらした消費行動の変化は、水産物流通における従来の常識を一変させるに至った。

　大都市圏の拠点市場は、年末年始や旧盆などに発生していた商圏人口の流出が軽微で、海外旅行などを好む活動的な富裕層がとどまったことで一定の

購買力は維持された。宅配やネットなどの非接触の買い物サービス機能も充実していることも強み。ただ、飲食・宿泊業への依存度が高く、高付加価値の高額商材を受け入れる能力が大きく低下した。好立地だったはずのターミナル駅の周辺の人出もまだ本調子にない。年初からの緊急事態宣言の再発令によって、再び状況は悪化の方向へと傾くことになった。

　大都市圏の衛星市場は、昼間の人口減という構造を抱えていた住宅街がテレワークの推進で逆に好立地になった。新興住宅街ほど新型コロナで重症化のリスクが低い若年層の家族が多く、さほど活動を抑制していないため消費の落ち込みも小さい。ただ、水産物流通のボリュームが細ったことで集荷コストの上昇に直面している。購買力ある高齢者がどちらかといえば少なく、高額品の動きに期待できない。

　各地方都市の市場は、基本的に車社会で公共交通機関の利用度が低いことで、外出自体をセーブする方向には動きにくく、"密"条件も成立しにくい。そのために消費行動に変化が緩やかな地域と言える。ただ、水産物消費を支える胃袋の絶対的な大きさが確保できない悩みを抱える。帰省や旅行などでの移動が限定的なうえ、重症化のリスクが高い高齢者が多いゆえ、感染拡大期には大都市圏以上に在宅傾向が強まる可能性がある。車がなければ成立しない社会であるのでそれを補う代替の手段に乏しい。

　加えて触れておきたいのが、夏の終わりから本格化した国の補正予算による緊急対策事業の影響だ。これらは目詰まりしていた養殖魚の生産者らを救う一方、業界全体にさまざまな副作用をもたらした。

　支援を受けると、限定的な範囲とはいいながら適正価格の半値で出荷される。出荷する生産者は予算で手取りを補填（てん）され、安く仕入れられる小売も利益を得る源泉にしたものの、単に間に入る形となった市場業者は一定の手数料を得るだけにとどまった。加えて、支援を受けた魚種が売場を占有するなどした結果、それ以外の魚種や流通に絡めない業者は相当な安値で投げ売らざるをえず、相場の大混乱を招いた。ブリやタイなどの天然魚は、養殖魚の安さに太刀打ちができず拡販には困難を極めた。

　本節のまとめに代えていえば、新型コロナ前とは一変した事業環境に、春が来ることをじっと耐えることを選んだ事業者の苦境が続いている。一方、堅調な鮮魚専門店および量販店・スーパーなどへの販路強化、宅配やネットなどの伸長ビジネスとの連携、新たな販路開拓に積極的だった事業者は一定の結果を残している。変化の嵐が過ぎるのを座して待つことは危険だ。素早い対応力が求められている。

3　新型コロナウイルスの感染リスクと日々の業務

　新型コロナの感染拡大が続く以上、市場業務のうえでも感染リスクを考慮する必要がある。感染者はゼロにはできない。その中で市場業務を停止させないようにするには濃厚接触者の抑制がカギになる。

　例えば東京・豊洲市場では、水産物関連の市場業者らは、今年8月までは新規感染者ゼロに抑え込んでいた。しかし、10月中旬から11月にかけて散発的に新規感染が判明。一時は発表ベースで1日10人超えになる場面もあるなど、数多くの業者の集合体であるがゆえに全体の統制が難しいこともあり、封じ込めができるかどうか危ぶまれる場面もあった。少人数経営の仲卸では休業を余儀なくされ、卸は濃厚接触者が出ると営業部隊のまとまった人員を欠き、サービスレベルを維持するのに苦労した。

　最終的には自主的なPCR検査を数千人規模で展開して早期発見、立ち入り規制を強めたことなどで12月に入った時点でいったんは抑えた。再発した際の封じ込めで参考にできるだろう（**写真3-1**）。

　卸売市場は不特定多数の人々が買い出しに訪れる場所であるため、外部から持ち込まれるリスクをゼロにするには無理だ。新規感染はいつか起きる前提で、それを拡げないことに力を注ぐのが重要になる。少なくとも濃厚接触者をつくらない環境を整備することは非常に有効であることからマスク着用や手指消毒の励行、時差出勤や事務仕事のテレワーク化、職場環境の整備を急ぐことが何よりも重要だ。

写真3-1 水産仲卸の組合組織である東京魚市場卸協同組合が行った自主的
PCR検査の会場案内

　新型コロナ感染拡大は、水産業界でビジネスする上の前提条件を大きく変えた。計画が立ちやすいことから国産魚より冷凍輸入魚、天然魚より養殖魚を重宝していた飲食・宿泊業は急速に力を失い、今後の存在感が低下することが予想される。

　何度か指摘してきたが、すでに以前の姿を取り戻せる時期は過ぎた。鮮魚専門店や量販店・スーパーが水産物の販売主力となる状況は当面続くのは間違いない。高・中級魚は以前ほどの付加価値では売れなくなる中、水産物を扱う市場業者が生き残るには低コスト型の経営にさらにかじを切る必要がある。

　幸い、新型コロナ対策のために進めた営業活動抑制や働き方改革によって、日常的な営業経費を抑制するための示唆を得た事業者も多いのではないだろうか。今後は各種の取り組みをより洗練させて、少ない利益でも十分に経営が成り立つ体制を早期に確立する必要がある。公設市場の市場使用料は民間の家賃よりかなり低く抑えられている。固定費の影響が小さいだけに実現自体は十分に可能なはずだ。

　新型コロナ時代を追い風にしているビジネスである宅配・ネットなどは、

自らが事業転換して参画していくには時期が遅すぎるし、先発優位が得られない以上は投資額が割に合わず、周囲の変化の早さにも対応できない。ただ、卸売市場の強みには、多種多様な業者の集合体として総合力を発揮するという性質がある。新型コロナ以降に伸び行くビジネスに強い業者も必ず市場利用者にいるはず。彼らと連携することで新たな販路を太くして、以前に戻らないまでも飲食・宿泊業の回復を待つのが妥当だろう。

　豊洲市場などでは、鮮魚専門店や量販店・スーパー向けの販路に切り替えが進み、電子商取引（EC）取引事業者と連携する大号令をかけて動き始めて、早速2020年の年末商戦で結果を出した市場業者がいる。大正時代に誕生し、昭和、平成、令和と、当初とはまったく異なる姿となって今日まで生鮮品の安定供給という役目を100年以上果たしてきた卸売市場の底力を今こそ示す時ではないだろうか。

第4章　花き市場への影響と販売行動の変容

1　コロナ禍開始以降の花きの卸売状況

　花き販売では2020年3月ごろからコロナが意識されるようになった。4月の切花平均単価は50円を切り、卸売数量もがくんと減った（**図4-1**）。母の日のモノ日が1日では業界が持たないということで、5月いっぱいを「母の月」という訴求で臨むことになった。6月を境に単価は対前年比で上昇したが、卸売数量は依然として対前年比で縮小。

　鉢物に関しても、例年であれば1月から5月にかけて需要は伸びていくものであるが、2020年における4月の落ち込みは大きかった（**図4-2**）。5月に入って前年には及ばないもののそれなりに卸売数量が伸び、その後は前年をわずかではあるが上回る形となった。これに伴って平均単価も6月から持

図4-1　東京都中央卸売市場における切花の月間卸売数量と
月平均単価の推移（2019年1月～20年10月）

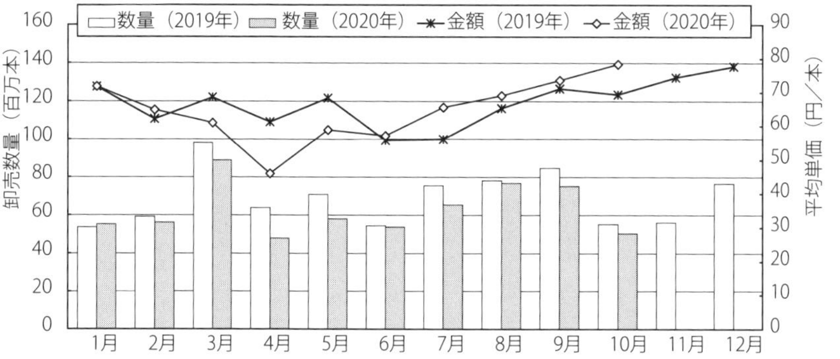

出所：東京都中央卸売市場資料

図4-2　東京都中央卸売市場における鉢物の月間卸売数量と
月平均単価の推移（2019年1月～20年10月）

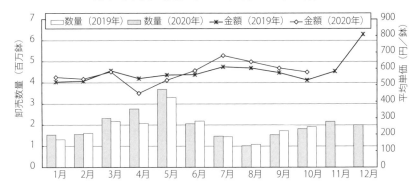

出所：東京都中央卸売市場資料

図4-3　東京都中央卸売市場における鉢物の月間卸売数量と
月平均単価の推移（2019年1月～20年10月）

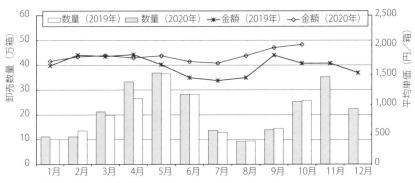

出所：東京都中央卸売市場資料

ち直し、年末に至るも前年を上回っている。

　苗物もさすがに３～４月と卸売数量は落ち込んだが、５月からは前年とほ
ぼ変わらないか、やや多くなっているのが分かる（**図4-3**）。この中には野
菜苗が含まれる。

2　コロナで変わった花消費

　コロナ禍は花きに関わる消費・流通の形態も変えてしまった。これまで多くの人たちが時々に新しい方向を探り、様々な努力がなされてきたにもかかわらずあまり功を奏していなかった「新しい消費」への改革は、苦も無く、しかも難もなく、そして否応なく変わってしまった。

（1）業務需要の落ち込み

　2020年2月ごろから怪しかったコロナの動向は、3月に入って沈静するどころかその勢いを増し始めた。3月は花きの年間におけるもっとも大きな消費が始まる時期である。お彼岸、卒業式、入学式、謝恩会、送別会、歓迎会、続いて母の日もやってくる。もちろん結婚式もシーズン（？）に入る。昨年はそれらのほとんどすべてが霧消したといってもよいのではないだろうか。結婚式はキャンセルされ、葬儀はこじんまりと家族だけで営まれることになった。3密回避、自粛要請が出ているのだから当然のことといえば当然であるが、それにつけても花の関係者にとってはこれまでにない未曽有の経験であった。

　婚礼に関しては4月から6月までは前年比一桁台だったが、7月以降、15％、30％と回復基調にある（**図4-4**）。9月には件数ベースで50％台まで回復した模様だが、3密回避のため集まり自体を回避、会場の閉鎖等物理的な要素からも大幅な回復は遅れそうである。今後もよくて前年比30〜50％の件数で推移すると思われる。また、婚礼の規模も縮小しており、今後の開催規模は70％以下で推移するとみられる。

　葬儀件数こそ前年並みで推移しているが、葬儀規模が一般葬から、家族葬（一般葬から比べて80％以下の会葬者数）、一日葬（お通夜なし）となり、これが常態化しつつある。売上金額は80％程度で推移している（**図4-5**）。今後も規模は縮小化したままで維持される可能性が高い。

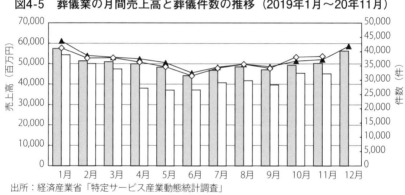

図4-4　結婚式場業の月間売上高と結婚式開催件数の推移
（2019年1月〜20年11月）

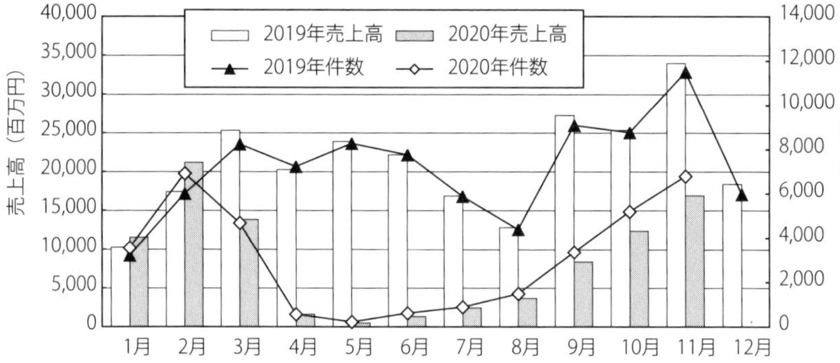

出所：経済産業省「特定サービス産業動態統計調査」

図4-5　葬儀業の月間売上高と葬儀件数の推移（2019年1月〜20年11月）

出所：経済産業省「特定サービス産業動態統計調査」

　加えて業務需要が激減した。企業間の贈答、活け込み、ビル装飾、貸し鉢等の法人需要である。大型のイベントは相次いで中止となった。高価格・高品質を良しとする業務需要に対応する花き類は、マーケットからはみ出してしまったのである。

　胡蝶蘭は3本立てで市場価格8,000円程度であったものが、いっとき1,500円まで下がり、生産者は出荷を止め、次期の生産をためらうようになったくらいだ。ただ、こうした動きは後になって極端な品薄につながり、今度はランの平均単価が前年比を大きく超えるという椿事を引き起こしたりもした。

（2）家庭消費の変化

　ところで、こうした業務需要の落ち込みに比して、家庭内需要はじわじわと伸びたのである。園芸関係の花苗や鉢物も伸びた。外に出るに出られなくなった人たちが、家庭の中での楽しみや癒しを求めて植物に目を向けるようになったということである。

　総務省の家計消費データを見ると、切花に関してはこれまでほとんどアクセスしていなかった20代、30代の消費が伸びている（**表4-1**）。もともとの数値が低いので絶対数としてはそれほどでもないが、特に20代の伸び率の大きさには目を見張るものがある。

　40代に関しては切花消費自体は増えていないものの、その代わりと言っては何だが、園芸植物園芸用品でコロナ禍の下、一律に消費が伸びている（**表4-2**）。切り花と園芸植物に関わるこの違いは、年代による暮らし方の違いからくるものだと言えよう。

　ただし、60代以降の支出には抑制傾向がみられた。購買行動としての外出が、必要最低限の品物をさっと購って速やかに自宅に戻る、または家族が同居していれば、買い物は家族に任せて自分は外出を極力避ける、という暮らし方の変化からくるものと思われる。高齢者は感染すると重症化するという危機感が、外出の自粛、ひいては不要不急の買い物に関する抑制につながっていると考えられる。

　さて、今年はどうなるか。これまで花に対する購入意欲を持っていなかった層が意識的に花に対して対価を払い始めたが、これをいっときだけの特需にすることなく、当たり前の流れに定着させることが必要だ。

　「これまで花を買ったことのない」人たちに花を買ってもらうことは、業界が挙げて望んできたことだが、皮肉にもコロナ禍という特殊な状況下でそれが結実したわけだ。業界はここぞとばかり焦って、短兵急にその層を取り込もうとせずに、やっと花に目を向け始めた層に対して、「花のある生活の楽しさ」を知ってもらうことで花を手元に置くことが自然になるように仕向

表 4-1　2020 年世帯別月別支出額にみる花き消費の変化（切花）

(単位：円、%)

	全体		~29 歳		30~39 歳		40~49 歳		50~59 歳		60~69 歳		70 歳~	
	金額	前年比	金額	前年比	金額	前年比	金額	前年比	金額	前年比	金額	前年比	金額	前年比
1月	468	100.9	209	126.7	79	49.7	189	85.9	366	108.0	668	103.7	699	102.9
2月	493	100.8	75	97.4	126	101.6	210	108.2	397	76.1	739	110.0	691	103.8
3月	991	99.7	137	79.7	238	105.3	369	76.6	807	83.7	1,403	113.3	1,452	99.2
4月	456	86.0	260	2,166.7	115	83.9	257	94.8	376	69.5	545	77.1	675	94.5
5月	720	98.0	286	572.0	458	98.3	571	94.7	789	97.8	896	103.7	761	95.0
6月	511	105.1	85	265.6	141	139.6	202	89.4	547	152.4	604	79.5	746	112.2
7月	556	97.5	122	283.7	171	190.0	142	64.3	545	135.2	813	85.1	767	97.6
8月	1,135	102.4	223	518.6	187	96.4	412	88.2	1,165	141.4	1,556	98.4	1,589	95.7
9月	834	90.5	68	523.1	213	153.3	231	71.7	856	127.4	1,147	98.5	1,189	102.6
10月	466	104.0	93	516.7	88	101.1	165	98.2	373	89.9	643	76.6	698	96.5
合計	6,630	99.1	1,558	249.3	1,816	66.7	2,748	86.6	6,221	106.4	9,014	98.8	9,267	99.5

出所：総務省「家計調査」

表 4-2　2020 年世帯別月別支出額にみる花き消費の変化（園芸植物）

(単位：円、%)

	全体		~29 歳		30~39 歳		40~49 歳		50~59 歳		60~69 歳		70 歳~	
	金額	前年比	金額	前年比	金額	前年比	金額	前年比	金額	前年比	金額	前年比	金額	前年比
1月	105	108.2	9	75.0	42	113.5	80	145.5	52	94.5	119	87.5	164	112.3
2月	174	118.4	5	17.2	49	75.4	129	111.2	167	287.9	207	116.9	234	101.7
3月	296	110.0	83	166.0	92	129.6	173	146.6	208	130.8	421	104.0	403	99.3
4月	556	100.7	75	833.3	166	89.7	250	112.1	272	81.0	883	129.3	810	88.8
5月	868	127.8	242	187.6	547	180.5	579	143.7	503	84.0	1226	127.0	1115	133.5
6月	292	104.7	155	298.1	134	157.6	178	179.8	219	87.6	418	101.2	365	95.8
7月	177	117.2	96	177.8	50	67.6	83	166.0	105	68.2	279	136.8	239	118.3
8月	172	113.2	149	4,966.7	92	173.6	60	171.4	133	160.2	233	94.7	240	103.0
9月	237	102.2	69	276.0	74	102.8	106	93.0	134	135.4	287	78.6	386	112.2
10月	290	107.8	173	196.6	111	179.0	148	109.6	169	79.7	376	99.5	436	113.8
合計	3,167	112.0	1,056	233.1	1,357	133.4	1,786	132.5	1,962	97.9	4,449	112.0	4,392	107.4

出所：総務省「家計調査」

けたい。

3　売り場の変化

　本来の花店や花の売り場ではない場所での花販売が増えている。誰でもが気軽に花にアクセスできる場が増えることはありがたいと考えるべきであろう。花にアクセスすることが社会参加にもなる。優しさをさりげなく周囲に知らしめることもできる。自分の癒しにもつながる。購入者のささやかな自己満足、自己演出も含めて、いいことずくめといえばいえよう。新しい花へのアクセスの変化を次に検証したい。

（1）新しい売り場としての異業種の店頭

　本来の花店や花の売り場ではない場所での花販売が増えている。新しく出現した売り場はもともと、若い人たちに支持されている店舗であり売り場ではあるが、そこでは花とは関係のない商品群の中で思ったより自然に花が提供され、しかも着実に売れているという現実がみられる。

　具体的にはユニクロや無印良品、ブックオフの店内、店頭である。切り花とは全く異なる商品の売り場に、突如切り花の売り場が出現したにもかかわらず、きわめて自然に既存の売り場に溶け込んでいる。

　ユニクロではUNIQLO TOKYO（銀座マロニエゲート）、4月オープンのUNIQLO PARK 横浜ベイサイド店、6月オープンのUNIQLO 原宿店で扱っており、1束390円、3束で990円。最近では1,980円でとりどりの花がアレンジされた花束も扱っている。注文すれば好みの花束やアレンジメントも作ってくれる。仕入れは市場でのセリ。

　無印良品はネットで家庭用の生花、葉物類、ギフト用の花束やアレンジメントを揃えている。4月17日からは、余剰在庫を抱える花き生産者の支援を目的に、無印良品銀座の店頭で1束399円での販売を始めた。4月25日からは無印良品新宿、MUJI新宿、無印良品リヴィン光が丘、無印良品リヴィン

オズ大泉、無印良品セブンタウン小豆沢、無印良品イオン板橋店でも販売を開始した。

　ブックオフの切り花は1本100円、チャンスフラワーと名付けられている。生花販売店および各種企画を営む「hanane」が共同で開催するイベント企画で、短茎や曲がりなど出荷規格から外れた規格外品を1本100円で販売するものである。2月に川崎で3日限定のテスト販売を行い、その後7月に関西で同じく期間限定の販売を行った。9月からは月1回週末3日での継続販売を行っている。このチャンスフラワーはSDGs（持続可能な開発目標）に沿った考え方による花販売の形と言えるだろう。

（2）既存店の変化

　従来の花店で買いやすい価格での花を提供する試みも始まっている。もともとオランダやなどでは買いやすい花束が提供されていたが、本来ならそれなりの価格で花を提供している花店が、敢えて家庭内に入り込みやすい価格帯の花を設定していることにも触れたい。

　日比谷花壇には従来からの高級花店としての「日比谷花壇」のほかに「HIBIYA KADAN STYLE」「WONDER FLOWER」というブランドを展開している。「HIBIYA KADAN STYLE」では「そばにいつも花のある暮らし」というコンセプトで買いやすい価格の花を提案しており、1束399円、2束700円、3束1,000円という、従来の日比谷花壇では考えられない価格で花束を提供している。勿論これは従来の日比谷花壇が扱っている花材とは全く異なる仕入れ、産地の花での提供である。

　プリザーブドフラワーを日本に紹介した第一人者、細沼光則氏が主宰する花弘ですら一部に手に取りやすい花を設定するようになった。初期の青山フラワーマーケットに関わった人が設立したボンマルシェなども含めて、もともとおしゃれな花屋といわれる花店の提供する手ごろな花は概ね、従来型の花店が提供するものに比べてデザイン性も高い傾向がみられる。

　いうなれば、ここにきて急展開するさまざまな場所で提供される花は、価

格面でも買いやすさの面でもこれまでとは異なり、さらには伸び続けてきたスーパーの花売り場の伸びの要因、すなわち持って帰ればそのまま飾れるような量・内容の花が増えてきた、と言えよう。

　新しい花売り場は、スーパーで花を買うことを躊躇する世代やクラスターに、花を買うことをまことに自然に促すような場所でもある。もっと言うならば、そこで花を買うことが「カッコイイ」に通じる場所でもあろう。

（3）サブスクリプションによる花販売

　花のサブスクリプションによる提供も始まっている。前出の日比谷花壇は2019年6月より、月額の異なる6種類のプランによる、月額定額制の「ハナノヒ」のサービスをスタートさせた。12月21日からはWeb宅配版ライフスタイル提案型サブスクも開始。

　豊川市で花店を営む「花幸」も「魔法の花瓶」と名付けたサブスクリプションを行っている。この花店は店売り50%、葬祭50%の花店で、コロナによって葬祭部分が落ち込んだため、来店顧客を増やすために手段として始めた模様である。

　いずれも、必ずしも利益に直結しているとは言えないようだが、自店のファンを増やし来店を促すための取り組みと捉えているようである。まだまだ採算ベースにはのっていないとみられるが、確実に来店客数が増えた、手ごたえを感じる、将来を耕している気がする、これまでとは違う客層が来店するようになった等、実施店では前向きに捉えている様子がうかがわれる。

　確実に花の現場は大きく変化し始めている。花を飾ることが特別な行為ではなくなるような機運がおのずから醸成され、「持ち帰ってすぐに飾れる花を適価で」「さらりとおしゃれに買いやすい売り場を」、そうした条件が担保されれば家庭消費はさらに伸び、かつ定着していくだろう。まだまだこれからである。先行きは明るい。

（4）支援のための売り場

　物販の店頭ではなく、ECや通販を利用した、支援を目的とうたった販売が開始されている。農林水産省は、新型コロナウイルスの影響で需要が減少している花きの消費拡大を図るため、2020年3月6日から家庭や職場での花飾りや購入促進の取り組みである「花いっぱいプロジェクト」を提唱、実施したが、これに呼応して自治体や民間が立ち上げたものである。概ねは地方公共団体、関係団体における庁舎内および職場等での花飾りや公共スペースでの花展示等であるが、その中には消費者と花とが実際につながる取り組みも見られた。

　日本経済新聞の販売店ニュースサービス日経は販売店ごとに、日本経済新聞の購読者向けのECおよび通販による花束販売を行っている。その時々で決まった産地の応援になるので、実際に購入してみると、花の組み合わせがやや情けなかったり少なかったりと残念な部分もあったが、新聞と一緒に花が届くアイディアは、逼迫した物流の緩和という点からも面白い試みであると言えよう。これには（一社）日本花き生産協会が協力している。

　量販店向け花束加工のメルシーフラワーは、取引先のスーパーの花売り場において定期的に、対象とする地域の花（チューリップ、ガーベラ、オリエンタルリリー、スプレーマム、芍薬、青い花etc.）を特集したフェアを開催した。

　さらには、JA全農による東北地方の花き生産者に対する支援として、2020年12月1日から「東北六花」と名付けられたNET通販も立ち上げられた。これは㈱シフラの提供するサービス「花BOX」を利用する形で行われている。

4　コロナで変わる市場

（1）セリが変わる

　大阪鶴見花き地方卸売市場では3密を回避するためにセリ室を閉鎖、従来

様式の場内におけるセリを廃止し、すべてオンラインのリモートセリに変更した。当初2020年４月15日から５月31日までの暫定措置としていたが、５月25日には当面の期間を設けずにセリ室閉鎖を続ける旨を買参人に通知した。加えて７月30日からこれまで朝６時半から開始のセリ時間を前日の夕方からに変更した。コロナを機にセリ室が閉鎖されたわけだが、一歩引いてみると、様々な思惑と今後の市場におけるセリに関わる問題点が見えてくる。

　大阪鶴見花き地方卸売市場にはご存じのようにJF鶴見花きとなにわ花いちばの２社が入場しており、両社は昨年７月１日に業務提携した。ここで取り上げたいのはその事実ではなく、その結果がどうなのか、どう推移しているのか、その途中の経過をみることに重きを置きたかったのである。

　業務提携は物流、産地、買参人への営業面での効率化が目的といわれているが、それは今のところうまくいっているようだ。Web販売も両社が別々に行うのではなく、品目毎に一緒に行っている。こうした提携は市場自体の集荷力を高めることになり、ひいてはそれまで二重にコストがかかっていた部分もある程度集約できているとみられる。加えてオンラインになったことで、これまでセリに参加できなかった遠方の若い花店などが買参人となって新たに参加しはじめたという話も聞く。

　ところで、両社が使用している大阪鶴見フラワーセンターのセリ室は冷暖房完備で700席ある。コロナ禍以来３密を避けるために使用するセリ座席は300から400席となっていたところから、かかる費用からいえば当然赤字であったと思う。また、セリ室に座る買参人がすべてセリ落としに参加するわけではないことは、市場関係者なら理解しているところである。セリ場で缶コーヒーを飲みながら知り合いの買参人と情報交換をしているだけでセリ販売に寄与していない人たちが一定数あることは半ば常識だ。セリ場を運営する大卸はこうしたセリ場の状況を、街の花店の景気をチェックする場でもあるからと容認していたように思う。

　そうしたことなどから深読みすると、このコロナに対応してのセリ場封鎖は「①買参人を整理したい、②社員の労務管理、③市場自身の経費削減」の

ための、ある意味ではよいチャンスととることもできるのではないか。コロナの広がりはまず、人と人との接触を避けることで回避するとされているのであるから、誰もどこも、コロナ対応でセリ場を封鎖することに対して否定的にはなれないはずだ。

　市場人の働き方は一般に比較して決して望ましいものではないことは明白だ。働き方改革が急務である今、少しでも普通の働き方に近づけるためには、早朝のセリのための荷受け業務を減らしたいだろうことは当然である。加えて時計ゼリのセリシステムに関わる費用も半端ではない。しかるに在宅セリのシステムに関しては、職員を中心にした自社チームで賄っていると聞く。

　ただ、出荷者側から見ると必ずしも良い点ばかりではないようだ。前夜のセリに荷物を間に合わせるためには、従来より12時間早く当該の市場に着荷させなければならないということになる。今のところほとんどの市場はセリ時間を変えていない。複数の市場に出荷している産地は当然当日朝7時からのセリに間に合うように出荷スケジュールを組んでいる。この12時間差は大きい。1市場分だけ早く出荷するわけにはいかないのが現状であろう。市場までの流通経費は産地持ちだから、便が2便になったら余計な流通経費が掛かることになる。

　したがって従来通りのスケジュールで出荷している産地の荷物はセリ開始までには届いていない。セリ時に提示される画面には「輸送中」のお知らせのみとなり、買参人は実物の画面を見ることなく産地、出荷者名と数量とで品質を想像しながらセリに対応しなければならない。

　今のところ概ね30％くらいの荷物は未着で、必ずしも産地が協力体制を取ってくれているわけではない。セリ後の搬送には間に合うが、セリ時間には間にあっていないのが現状だ。

　このほかにも大田市場のFAJは2020年2月17日から画像セリに移行した。実物なしの画像のみでセリ台も廃止である。

（2）オンライン取引の現状

　2009年からオンライン取引、「イロドリ*ミドリ」を手掛ける豊明市場は観賞用植物で国内でトップ、世界でも有数の卸売高を誇る。品ぞろえも年間１万５千種に達し、パソコンやスマホで花きの生産者と仲卸業者、小売店などが即座に市況を共有できるメリットは大きい。ネット経由の取引額は概ね全体の1/4を占める。これまでは事前入札でリアルタイムのセリには対応していなかったが、2020年に入ってWeb買参権の設定がされるようになった。全国の鉢物市場にイロドリ*ミドリパートナーズを持つ。

　コロナ以前から、1997年から花き事業に参画のオークネットをはじめとしてオンライン取引は行われてきていたが、コロナを契機としてオンライン取引が活発になったことは否めない。

　㈱シフラの運営するハナ・スタは2000年からB to Bを開始し、2006年からはFAJ、第一花き、東京フラワーポート、南関東花き園芸卸売市場の４市場と提携、その後世田谷花き、東日本花きが加わり各市場の上場荷物を扱うようになった。

　もともと自由が丘で花店を運営していた自由が丘フラワーズは板橋市場の仲卸となり、現在ははなどんやアソシエとしてオンラインでB to Bを行っている。

　オークネットの花部門はもともと切り花を扱うインターネット花市場だったが、2002年には鉢物を扱うようになり、2015年に花部門を切り離して㈱オークネット・アグリビジネスとして子会社化。2020年には世田谷市場に入場する東京砧花き園芸市場を取り込んで子会社化。代表者は同一のため、切り花鉢物の両方を扱う市場とみなしてよいだろう。

（3）市場の今後の対応について

　これまでであったら10年かけて流れていくであろう変化が、コロナ禍を契機として、たった１ヵ月で進んでしまったといっても過言ではない。一気に

これまでの懸案事項を解決したい、今ならできると考えている市場も少なくない。

　ただし、市場の流通機能は目利きと代金決済機能であるから、これを再確認したうえで新しい方向を探るべきという考え方の市場もある。こうしたタイトな時期には、周辺の商い、加工屋を斡旋して中を取ろうとするところも出てきているようだが、足元を見極めずにあちこちに手を伸ばすことが良いのかは熟考すべきだろう。こうした動きは、切羽詰まって行うものではない。余力と出口をきちんと設定したうえで進出しないと、却って自分の首を絞めることになろう。

　前述の新しい売り場を設けた新しい参入者たちは、おおむね市場から花を調達している。ただし、その調達物は必ずしもこれまでの市場が認識してきた預託荷物と一致しているわけではない。プレミアムな花店である日比谷花壇は、新しい売り方に対応する花をこれまでと同じランク、産地とは切り離して調達していると明言しているし、チャンスフラワーにしても提供している花は正規の出荷からはじかれた花たちである。

　市場はこれまでの概念から離れてもう一度、出荷者と出荷に値する花の見直しをする時期に来ているのかもしれない。「市場で扱う花はこれこれの基準を満たしたもの」という考え方では、これからもっと増えていくであろう新規参入の花売り場には対応しきれないかもしれない。これまでの基準が間違っているということではなく、販売の現場が阿吽の呼吸で分かり合える業界内にとどまらず、他業界にまで多岐にわたるようになったことから、業界内だけに通用する基準ではなく、幅広い捉え方が必要になってきたのである。変幻自在に対応できる対応力を付加できたところが新しい売り場に選ばれることになろう。

　市場の見識が問われる時代になったと述懐する市場人がいる。これは基本的な市場のなすべきことを再確認するということである。腹を据えて市場としての基本事項を押さえた上で、コロナの終焉とともにある程度戻ってくるであろう業務用に対応し、今後延ばしていくべきホームユースにも真摯に対

応できるところが、常識的な結論ではあるが、残る市場であると思う。加えて、青果物と同じように産地育成は欠かせない要素であることを改めて痛感する。コロナ禍がなくとも、日本の花き生産は縮小傾向にある。荷物がなくなれば市場流通のみならず花き流通自体が縮小する。増え続ける輸入花きについても忘れてはならない。

　もともと日本の花き市場は、時計セリを含めてオランダの花き市場を見据え、一歩後を追いながら成長してきたものである。そのオランダでは花市場はロイヤルフローラホランド１社に統一され、セリもネット上で行われるようになり、この10年でずいぶん形が変わった。日本では同じような進み方は考えられないが、このままで存続することはないだろう。

　需要の中身が変わってきたこと、B to B、B to Cを問わずネット上の商いが乱立してきていること、従来の市場とは異なる体制が異形ではなくなってきたこと、等を考えると、花の市場はコロナ以前にはもう戻らないと考えざるを得ない。かつ、あちこちが市場流通に手を突っ込んできていることを考慮すると、今後は市場以外の勢力とどう付き合っていくかを考えなければならない時期に来ているのではないか。コロナはそのきっかけに過ぎないと思われる。少し時間が早まったということである。

　第３波の先が見えず、業務需要の出口が計れない恨みはあるが、何はともあれ家庭内需要の火は消さないように、そして、日本の生産者にとっては都合の良い取引形態である市場流通に関して、市場自体がそれぞれその立ち位置を確認し、志を同じくする市場同士でどう協働できるかを考えていかざるを得ないだろう。せめてここはひとつ頑張ってみたいものである。

第 2 部

コロナ禍への市場業者の対処方策

第5章　コロナ禍に打ち勝つ販売戦略のあり方

1　「単品管理」で在庫・利益管理の見直し

（1）「単品管理」がなぜ大切か

　最近、ある産地市場が廃業した。複数の要因により廃業を決断したと思うが、主な要因はコロナ禍による取引量の激減による販売不足。取引量激減の理由は、①収穫時の外国人労働者不足、②コロナ対策の一環としての高齢生産者の外出控えによる出荷不足、③2020年6月22日の卸売市場法改正の「直荷引き禁止の廃止」によって出荷先が地元市場から他市場・企業へシフトしたこと、などと思われる。

　この事例からも理解できるように、今、産地ではより生産者の高齢化・人手不足が加速する中で、いかに市場が生産者から「選ばれる市場」になるかがますます重要となっている。そのための方策は生産者が安定した収入を得るための協力体制を構築することであり、そのためには、販売先に対しても安定した商品提供と価格調整が必要不可欠である（**図5-1**）。

　そこで求められるのが、市場の営業マンの知識である。何の知識か？それ

図5-1　市場は生産者・販売先の 悩み不安 を解決する場

出所：筆者作成

は主に以下の点である。

①日頃から得意品目のセールスポイントが言えるか？

②シーズン別に地元県産または担当県産のトップ品目の説明が出来るか？

③品目別に旬の産地を把握出来ているか？

④品目別に粗利率を把握出来ているか？

⑤今、気になる取引先（産地・仕入先・販売先）が有るか？　気になる理由
　は？

⑥買参人トップ10を把握しているか？

⑦業界の常識　最新情報を把握しているか？

　以上の点のいくつかは普段から「単品管理」を行っていれば十分に把握可能である。

　さらに、近年、市場での販売形態は「委託」から「買付」へと変化した。「委託」中心の時代は利益計算と言えば、委託手数料から経費（出荷奨励金・完納奨励金など）を差引けばある程度計算が成り立ち、業務終了時には粗利・利益が把握出来た。しかし買付比率が高まった今は買付仕入と販売価格との販売戦略が必要となる。今までの経験とざっくりした実績データでは今後の競争には通用しなくなり、「この品目はどの産地から、どの等階級を多く出荷して頂くと販売戦略的に効果が出る」などの判断材料が必要で、そのためには「単品管理」による過去数年間・最新１カ月間の出荷量・粗利・仕入単価の情報分析が求められる（**図5-2**）。

図5-2　「委託」から「買付」へ

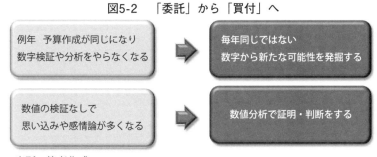

出所：筆者作成

（2）「単品管理」のメリットと困難なこと

　「単品管理」の要諦は、荷受明細単位（荷受日・荷主・品目・量目・等級・階級・産地・荷姿別の販売原票明細単位）で残数・仕入価格・販売価格・営業担当・各日付（荷受日・販売日・支払日）を把握し、その細かな情報を分析・活用することである。これによって様々なメリットが生まれる。その主なものを箇条書きでまとめると、次のような具体的なメリットが挙げられる。

①トレサビリティの容易化：どの荷をどこに販売したかを容易に把握出来る（農薬などのトラブル時に追跡・履歴管理が可能になる）。

②数値の透明性（見える化）：時期別地域別に売れ筋品目が把握でき、単品毎の利益管理も可能になる。

③在庫情報の精度アップ：荷主別入荷日別品目別等階級別に在庫の把握が可能になる（廃棄ロスを削減できる）。

④品目別保管管理能力の強化：品目別に在庫回転率や滞留在庫率が把握し、コスト計算が出来る。

⑤品目別目標管理制度アップ：担当品目毎に売上目標・利益目標の組み立ての精度が上がり、目標の実現度が高まる。

⑥不正売買の抑止：単品管理することで、架空販売などの追跡が可能となる。

⑦社全体の利益管理の強化：単品管理を土台に荷口別・担当者別・部門別・荷主別・買参人別等の利益管理と売上高・粗利の把握によって社全体の利益管理を行い、それを基に社全体としての緻密な収益確保戦略を立てることが出来る。

　これらの点が単品管理の主なメリットである。しかし、単品管理だけでは困難なこともある。それを整理すると以下のようにまとめられよう。

①荷姿変更の対応：荷を原体（箱）で受け、販売用にパック加工をすると、在庫管理や原単価計算が難しくなる。

②試食・サンプルによる在庫調整と利益管理：試食用買人コードに０円販売した場合の利益管理が困難。

③山売りなど特殊な販売への対応：残品をセット販売した場合の利益管理が難しい。

④突然の変更への対応：検品ミス・事故・痛みなど物理的な数合わせが出来ない。

⑤ルーチン外への対応：人的・時間的変化（休対・連休対応・時間外取引）への対応が困難。

⑥その他：盗難や不正行為への対応が難しい。

　これらの点は単品管理を行う際、それを過信することなく、それぞれの状況に応じて時には修正する必要もあることを示唆していると言えよう。

（3）単品管理に基づく利益管理の精緻化

　単品管理を行う場合、荷受明細の基本分析に加えて、利益管理をさらに精緻化し、社員のインセンティブを高める方法もある。

　その一つが、「キューブ分析」である（**図5-3**）。

　荷受、販売、仕切、経費、在庫等の情報を基に、8種類（全社、部門別、

図5-3　利益管理の精緻化（Ⅰ）：キューブ分析

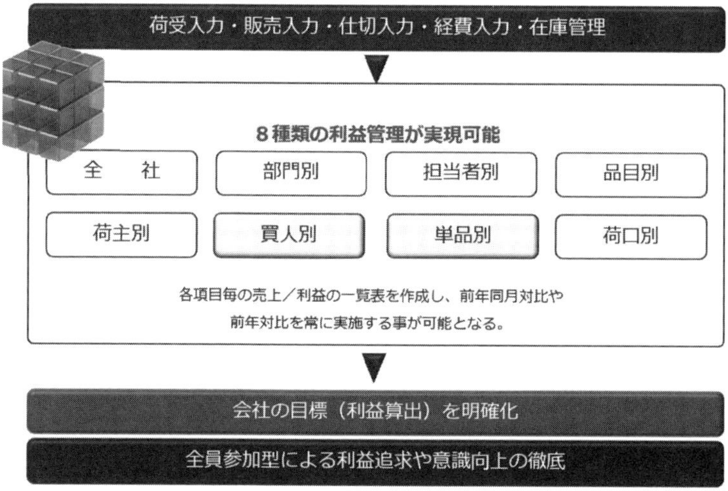

荷受入力・販売入力・仕切入力・経費入力・在庫管理

8種類の利益管理が実現可能

| 全　　社 | 部門別 | 担当者別 | 品目別 |
| 荷主別 | 買人別 | 単品別 | 荷口別 |

各項目毎の売上／利益の一覧表を作成し、前年同月対比や
前年対比を常に実施する事が可能となる。

会社の目標（利益算出）を明確化

全員参加型による利益追求や意識向上の徹底

出所：筆者作成

担当者別、品目別、荷主別、買人別、単品別、荷口別）の項目ごとに売上高、
利益・利益率の一覧表を作成し、前年同月対比や前年対比を行い、その増減
要因を皆で議論し、共有するのである。これによって各担当者の意識の向上
が図れるとともに、今後の行動予定を立てることもでき、さらには各担当者
の予定を総合化するかたちで会社の目標（利益算出）も明確化することがで
きる。

　もうひとつは、「ドリルダウン方式」である（**図5-4**）。

　この方式の特徴は、例えば「野菜→根菜類→大根類→青首大根」のように、
分析対象が徐々に詳細化することである。これを会社全体で行えば、お互い
に数値の「見える化」になる。しかも、担当者の個別原価に対する意識が向
上し、大根1箱を販売して経費（運賃・資材・奨励金等）込みでいくら利益
が出るか等を深く考えるようになり、入荷検品方法等についても単品管理の
視点から改善案が出るようになろう。これはまた、単品管理による業務管理

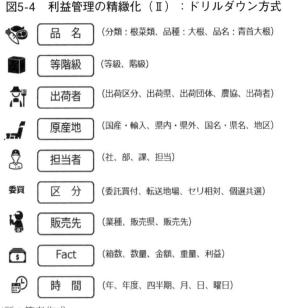

図5-4　利益管理の精緻化（Ⅱ）：ドリルダウン方式

品　名	（分類：根菜類、品種：大根、品名：青首大根）	
等階級	（等級、階級）	
出荷者	（出荷区分、出荷県、出荷団体、農協、出荷者）	
原産地	（国産・輸入、県内・県外、国名・県名、地区）	
担当者	（社、部、課、担当）	
区　分	（委託買付、転送地場、セリ相対、個選共選）	
販売先	（業種、販売県、販売先）	
Fact	（箱数、数量、金額、重量、利益）	
時　間	（年、年度、四半期、月、日、曜日）	

出所：筆者作成

にも繋がることになろう。

2　コロナ禍に対抗するためのICT・業務アプリの活用

多くの企業が時差出勤・テレワーク・オンライン会議など新しいワークス
タイルを取り入れているが、市場ではコロナ禍に対応できる「働き方」改革
が十分に浸透しているとはまだ言い難い。急場しのぎで、例えばセリなど
「密」を避ける工夫や会議室を活用しての事務作業エリアの拡張など、苦労
をしているとは思うが、十分と言うにはほど遠いであろう。より十全にする
ためには、ICT（Information and Communication Technology：情報通信
技術）・業務アプリを活用した業務改善が必要であると考えられる（**図5-5**）。

そこで以下では、荷受・集荷および分荷・販売において、ICT活用した時
間短縮・感染防止・ペーパーレスなどの事例を紹介したい。

図5-5　ICTを活用した業務改善

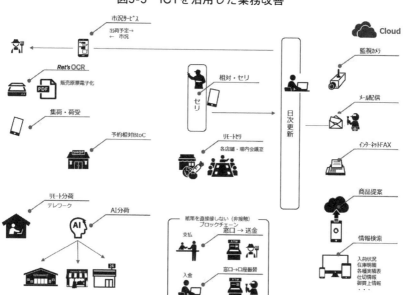

出所：筆者作成

（1）荷受・集荷面におけるICT活用事例

ICT・業務アプリを活用することで、荷受・集荷面でどのような事例があるかを整理すると、以下のようにまとめられる。

①タブレット・スマートフォンを活用して、生産者と「出荷予定」「仕切情報」を交換することが出来る（図5-6）。

図5-6　タブレット・スマートフォンを活用した「出荷予定」「仕切情報」の交換

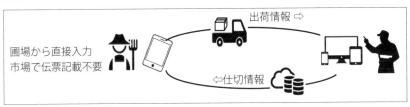

出所：筆者作成

②荷受所に銀行ATM風のタッチパネル式荷受入力システムを設置し、生産者が直接「荷受登録」「原票控発行」をする（セルフ荷受システム）。その後原票控と原体を荷受人検品だけ行い終了。

③生産者に対する集荷支援でも活用。市場関係者が集荷トラックを圃場に横付けし回収作業を行う。その場で検品作業をタブレットで行い、サーマルプリンタより預り伝票を発行、その情報をリアルタイムで市場の入荷予定情報に反映させる（図5-7）。品目担当は早期に本日入荷状況が把握出来る事で一石二鳥となる。そして、その預り伝票にバーコードを印字し、手間を掛けずに窓口現金支払いが可能となる。生産者が密を避けるために市場が集荷サービスを行い、現金取引でなく送金に切替えるなど、なるべく市場場内に出向く回数を減らすサービスを提供するならば、生産者に好まれる市場になるであろう。

④選果機との連動で、荷受業務のスピード化と選果制度アップを実現。近年、選果機の機能がスピーディで精度の高い等階級識別が可能となり、選果機

図5-7　集荷支援のためのICT化

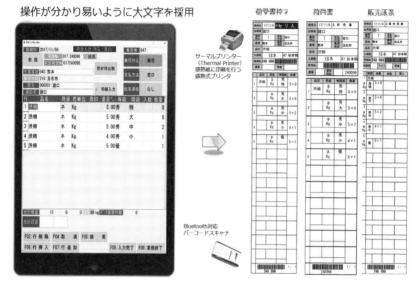

出所：筆者作成

からの結果情報を荷受システム連動することにより自動荷受処理が実装出来るようになった。さらに業務アプリ上で個撰の集合体をセリにかけ、各生産者に正当な仕切価格で対応出来るようにもなった。

⑤AI-OCRの使用で、活字・手書き帳票等の紙データのPDFをCSVへ自動データ化するクラウドサービス（読取った文字等の正解率は96〜99%）。従来のOCRはルール（OCRが持っているロジック）から逸脱したものについては読み取ることができなかったが、AI-OCRはAI技術の活用により、手書き文字を含めた識字率が格段に向上している（**図5-8**）。

⑥RPA（Robotic Process Automation:ロボットによる業務自動化）はExcelやブラウザ、個別業務アプリ等でwindowsから操作可能なあらゆるアプリケーション操作をシナリオとして学習し、PC操作をオートメーション化するソフトウェア型ロボット。パソコン上のホワイトカラー業務をルールエンジンやAI、機械学習などの認知技術で取り入れ、ロボットが代行す

図5-8　送り状取り込み例

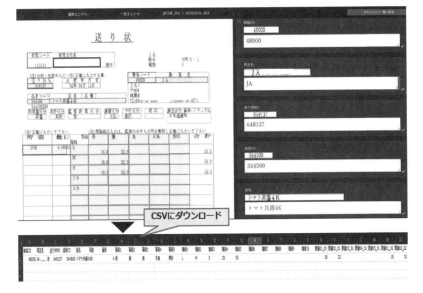

出所：筆者作成

ることで自動化・効率化を図る仕組みである（**図5-9、図5-10**）。なお、RPAで可能な業務には、荷受伝票入力、販売原票入力、EDI/BMS取込処理、受注入力、売上入力、仕入入力等がある。

（2）分荷・販売面におけるICT活用事例

分荷・販売面におけるICT・業務アプリの活用事例には、以下のようなものがある。

①B to Bの場合、SHOPからインターネット経由で直接予約相対取引が行われている。

②現場でタブレットを活用して分荷業務アプリで時間を短縮し、さらにリモートで外出先・自宅からでも分荷を可能にする。

③AIを活用し自動分荷で適正出荷数を割出す（どの買参人にどの品目を割り当てするかを予測）：コンピュータの処理速度が近年急速に伸びている

図5-9　RPAが得意とする業務

・大量データ投入の統計情報作成・分析

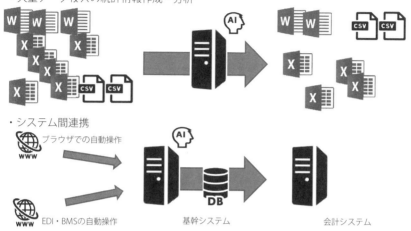

・システム間連携

出所：筆者作成

図5-10　AI OCRとRPDの組み合わせ事例：送り状FAXより荷受データ作成まで

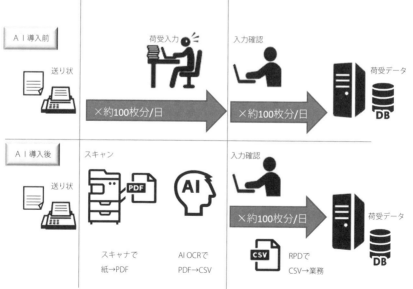

出所：筆者作成

図5-11　AIの活用による自動分荷の方法

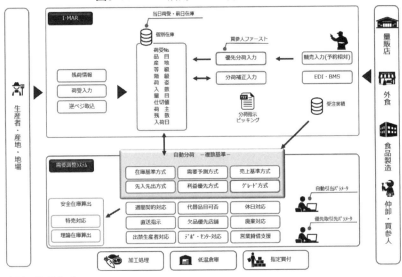

出所：筆者作成

ので、過去５年の販売数値データを基に自動分荷が業務アシストとして実現化出来る日も近いでしょう。分荷業務には人間性が強いもので、優先順はどうする？　欠品対応はどうする？　連休対応はどうする？　等の難問は多いはず。それゆえ、システムにも学習能力が必要となり「休日対応」「特売対応」条件設定を学習させることが重要である（**図5-11**）。

④セリ・相対結果をタブレットでセリ中に直接入力し販売結果情報を作成する。セリ後最短で在庫確認・入力チェック・仕切書発行・御買上明細発行などが可能となる。（移動セリ対応競売入力）

⑤WEBカメラでリアルタイムでセリを生中継し、場外でもセリに参加できる。（密を避けるためB to C対応）

⑥販売原票の電子化：市場法改正後農林水産省より「各市場の実態に応じて、販売原票の電子化を推進するよう努めるものとする。」が発表され、今後各市場で電子化に取り組むと思う。メリットは書庫がかなり削減され、紙

ベースでの管理費用（時間）の短縮が可能なことである。

　ただし、販売原票の電子化には下記の条件をクリアしなければならない。

・取引内容を記入した販売原票・入力票等の所定の用紙及び電子化された販売原票は、一定期間保存する。

・入力したデータに誤りがないか複数の者で確認するなどのチェック体制を構築する。

・電子化された販売原票には、その作成時間を明示するとともに、上書きのできない電磁的記録媒体に保存するなど、事後的なデータの改ざんを防止するための方策を講じる。また、作成後に訂正等が発生した場合は、別の電磁的記録媒体等に保存を行うとともに、訂正の日時、訂正者、訂正の内容及びその理由等の訂正履歴が確認できるようにする。

・電子化された販売原票は、開設者が必要に応じてその内容を確認できるようにしておく。

　また、委託物品に係る販売代金の仕切りについては、適正かつ正確な処理が確保される必要があることから、開設者にあっては、卸売業者が行う売買仕切りに関する事務について、以下に示す事項に留意の上、卸売業者に対し適切な指導を行わねばならない。

・適正な仕切業務の確保のためには、卸売業者内部の相互牽制態勢の確立が必要であることから、

　　ア　販売原票と売買仕切書を作成・管理する部門が分離されていること。

　　イ　出荷者に送付する売買仕切書には、必ずこれを作成した担当責任者が明記されていること。

　　ウ　販売原票の内容が売買仕切書に正確に記載されているかをチェックするための部署の設置や販売原票と売買仕切書に係る事務を監督するためのトップマネージメントに直属する内部管理組織が確立されていること、

　の3点を随時確認し、これらが実施されていない場合は、早急な実施を指導しなければならない。

・卸売業者に対して検査を行う際には、販売原票の記載内容と売買仕切書の内容、出荷者に対する売買仕切金の送金状況及び卸売の相手方に対する請求書の内容とを突き合わせて確認するものとする。

・なお、卸売業務に係る事務処理の円滑化と売買仕切書の正確な作成及び迅速な処理を図るため、販売原票のほか、売買仕切書の作成等に当たっても、電子化の推進を図るよう指導を行うものとする。

3　若者が入社を望む市場となるためのICTの活用

　朝が早い、連休が取りずらい、休日出勤が当たり前。コロナ禍の今こそ時間帯を見直すチャンスである（注文締切時間前倒し、荷受受付時間・セリ開始時間・窓口時間の見直し等）。一般企業が働き方改革で時短、時間外作業見直し、テレワーク業務等を進めている中、ひょっとして量販店に注文締切時間の前倒しや納品時間の見直し等の交渉ができるのではないでしょうか？

　締切時間が早まれば早く退社できる。納品時間を遅くしてくれればセリ開始時間が遅くできる。それで一般企業に少しでも近づけば、若い新卒の入社希望も増えるのではないでしょうか？

　いきなりは難しい場合は、注文状況や入荷状況・在庫情報などタブレットでいつでもどこでも閲覧できるツールがあればどうでしょう。自宅で品目別に状況把握が出来ればMail・LINEで生産者に出荷依頼もお願いできるのではないでしょうか？

　情報活用で効率の良い仕事が出来るようになれば、時間外作業の削減や、残業代など人件費の縮小などが現実的になるし、新たなサービスへのチャレンジも出来るでしょう

（1）若い人材確保のための第一歩

　若い人材を確保するための第一歩として、以下のようなことが考えられるのではないでしょうか。

①3連休以上の休暇を取得しやすい環境を目指す。

②休日前以外の日直は廃止。

③有給休暇を月に1回は必ず取得する（上司責任）。

④有給中は出張と同じ気持ちで協力する（事前申告）。

⑤同一作業をしている者どうしで日程調整を行う。

⑥5年単位でリフレッシュ休暇を取得する（連続5日間＋α）。

　このような対策を企業努力出来れば有給使用率が上がり、離職率が減り求職者に好印象を与えるでしょう。

（2）社員の意見を尊重する

　社員からの業務効率化や時間短縮の意見を取り込みましょう。社員も指示を待つだけでなく自身で創意工夫し、会社に提案したらきっと働きやすい環境が出来るでしょう。実際に社員から上がった興味深い意見として、少なくとも以下のようなものがある。

- ・朝ミーティングの時間短縮のため、事前に資料をスマートフォンで確認する（欠勤者・出張者）。
- ・部内の社員別スケジュールはGoogleカレンダーで共有する。
- ・ペーパーレス・ツールを利用して書類の作成を効率化する。
- ・皆が知る必要がある情報はLINE・Mailを利用して一斉に報告する（挨拶文不要）。
- ・口頭で決着した事でもLINE等で履歴を残す。時刻・内容・人物の再確認ができ、報連相の強化になる。
- ・社員からのアイデア採用に対して「社長賞」など用いるとモチベーションがアップする。

（3）精神論ではなく、データに基づく教育指導が重要

　社員の意識向上に伴い数値を基本とした教育指導を目指すことが重要である。次世代には精神論は成り立たない。

　ICTとは通信技術を活用したコミュニケーションであるが、現在、ICTを活用したシステムやサービスが普及することで、社会インフラとして新たなイノベーションを生むことが期待されている。各市場・仲卸がICTを取り込み、その活用を進めれば進めるほど、企業戦力の強化につながることは間違いなかろう。事業スキーム（計画）をしっかり検討し、自社にあったICT化を行えば、時間短縮・経費削減・販売戦略・在庫管理が強化されるからである。今後この社会で働くには日常的にICTを活用できる環境整備を心掛ける必要があろう。

第6章 流通環境の変化に対応するためのDX化
～nimaruによるDXの推進～

1 はじめに

　長年、社会インフラとして国内の農業及び食を支えてきた卸売市場流通（以下「市場流通」）。産地で農産物を効率的に集荷し、低コストで消費地へ輸送、需要家へ効率的に分荷、配送を行い、取引に伴う与信・決済の仕組みを備える市場流通の仕組みは、国内の消費者が良質な農産物をお手軽かつ一年中手に入れることができる環境を実現している。昨今、産直流通が新しい農産物の流通の形としてメディアで大きく取り上げられることも多く、その対比として取り上げられる市場流通については、どちらかというとマイナスのイメージで語られることも多い。

　しかし、国産青果物でみると市場経由率は、依然8割強となっており、またその割合はここ10年を見ても横ばいで推移しており、市場流通が今も変わらず食のインフラを支える重要な流通手段であることは明白である。一方で、大きな仕組みとしては依然重要な役割を果たしている市場流通も、流通現場を見てみると、業務手法は数十年前から変わっておらず、電話やFAX、紙による情報のやり取りや、手書き、手入力、現場担当者の経験と勘といったアナログな手法により行われている。市場を取り巻く外部環境が大きく変化する中で、そうした流通現場の古い体質が深刻な負の側面として関係事業者の中で表面化してきている。また、新型コロナウィルスによる影響が外部環境の変化に一層拍車をかけていると言える。

2　市場流通を取り巻く外部環境の変化

　市場流通を取り巻く外部環境の大きな変化の1つ目が、働き方改革の流れである。労働生産性の向上を目指す働き方改革の中で、長時間労働の解消、非正規と正規社員の格差是正といった課題への対策が雇用者である事業者へ求められている。早朝から出社し、休日も職場や自宅で業務を行うことが普通であった農業流通分野においては、こうした働き方改革への対応が事業存続に関わる大きな課題となっている。

　筆者も全国の事業者を訪問する中で、若者社員（特に20代の社員）の離職が昨今非常に増加しているという話を各地の事業者で耳にしている。現在の若者にとって、勤務開始時間が早い上に業務の拘束時間も長く（事務所での業務が早く終わる場合でも、分荷業務など自宅での業務を行なっており、それらがサービス残業として処理されることも多い）、依然、電話や手書きなどアナログな業務が多く残る市場での仕事は、他の業界と比較した際に相対的にみて魅力の低い業界として認識される傾向が強い。さらに、今回のコロナ禍により、オフィスワーカーを中心にリモートワークが主流となるなど、働き方の内容が大きく見直されてくる中で、働き方改革の流れはさらに加速していくものと考えられる。国内人口減少による市場の縮小という制約がある中で、社員の労働時間の改善、さらには労働内容の改善が強く求められている。

　外部環境の変化の2つ目が、出荷者である生産者や産地との関係である。一昔前と異なり、出荷者の選択肢は直売所や量販店への直販、インターネットを使った消費者への直販など非常に多様化している。その中で引き続き、出荷者へ市場出荷を行ってもらうためには、出荷者に対するサービスの質を高め、個々の出荷者それぞれに合ったきめ細かいサービス及びコミュニケーションを提供していくことが必要不可欠である。

　一方で、電話やFAXといった1対1のコミュニケーションを前提とした

従来の方法では、出荷者一人ひとりに対応するための現場の負荷が非常に大きくなる。また、これまでのような現場担当者の経験と勘、属人的なネットワークに大きく頼った出荷者とのやりとりでは、会社組織として、出荷者それぞれに対して適切なサービスを安定的かつ継続的に提供していくことが難しい。こうした状況は、出荷者の満足度の低下を招き、高齢の出荷者に比べて、より合理的に物事を判断する傾向にある若い出荷者を中心に市場離れが進むものと考えられる。

3　デジタルトランスフォーメーション（DX）について

　これら市場流通を取り巻く大きな外部変化による流通現場の課題に対して、弊社が取り組んでいるのが流通現場のデジタルトランスフォーメーション（以下「DX」）である。経済産業省の定義によると、DXとは「企業がビジネス環境の激しい変化に対応し、データとデジタル技術を活用して、顧客や社会のニーズを基に、製品やサービス、ビジネスモデルを変革するとともに、業務そのものや、組織、プロセス、企業文化・風土を変革し、競争上の優位性を確立すること」とある。これはもう少し簡単にいうと「ITの活用を通じて、ビジネスモデルや組織を変革し、企業の競争優位性を確立すること」を意味している。今回のコロナ渦でDXへの取り組みに対する需要が全ての業界の事業者において非常に高まっており、外部環境の変化により大きな岐路に立たされている市場流通関係者も例外ではない。デジタル化を通して、自社の競合優位性を築くための取り組みが強く求められている。

　DXについて考える際によく誤解されやすいのが、「IT化」と「DX」を同じ意味合いで捉えることである。IT化とDXはイコールではない点に注意が必要だ（**図6-1**）。

　IT化とDXの大きな違いは、前者が業務効率化などを「目的」として、情報化やデジタル化を進めるものであることに対し、後者はそれを「手段」として、あくまでも目的は情報化やデジタル化を通して、自社の既存のビジネ

図6-1　IT化とDXの違い

IT化

<目的>　業務の効率化

<特徴>　正解がある
　　　　既存の技術が中心
　　　　特定の業務や部署で完結

DX

<目的>　業務、組織、事業の変革

<特徴>　正解がない
　　　　新しい技術が必要
　　　　組織横断的なチームが必要

出所：筆者作成

スモデルやオペレーション、組織に変革をもたらし、企業の競争優位性を生み出すことにあるという点である。

　またIT化とDXのそれぞれの特徴の違いについて、IT化は、既存プロセスの生産性を向上させるものであり、何がどのように変化するか、社内でも分かりやすい、すなわち正解があるのが特徴である。それに対してDXは、プロセスそのものを革新することも厭わず、変革を継続していくことを意味しており、IT化が「経費精算のための作業時間が減る」「経費申請プロセスを自動化する」などの分かりやすい変化であるのに対して、DXは「経費精算のプロセス自体を、デジタルを通じて根本的に運用を変える」など、会社全体に関わるようなドラスティックな変化であるのが特徴である。

　また、IT化とDXでは使用される技術（テクノロジー）にも違いがある。DXは社内外を問わず、様々なシステムとのデータ連携が必要不可欠である。過去の技術によって開発されたレガシーシステムが社内に残っている場合、新しい技術で開発されたシステムや外部のシステムと連携できないことも多く、「DX」推進を目指したシステムの構築も極端に難しくなる。既存のITベンダーの中には、数十年前の古い技術を長年踏襲し続ける会社も多く、技術革新が急速に進むIT業界において、DXを促進するサービスの多くが既存のITベンダーではなく、ベンチャー企業のような比較的新しい会社から提

供される傾向にあるのもそうした理由からである。

　さらに、IT 化が特定の業務や業務プロセスのデジタル化を目指すものであるため、その業務に携わる部署のみで完結する場合が多いのに対して、DX の目的は、会社全体として事業の競合優位性をつくり出すことであり、そのためには経営者を中心にすべての部署が取り組みに積極的に関わっていく必要があるため、IT 化とは異なる組織横断的な取り組みが必要不可欠となる。

　次に事業者が DX へ取り組むことの意義について説明したい。既存の仕組みやシステムを現状維持的に継続する場合、（古い既存システムに対応できるエンジニアの不足による）既存システムの保守運用費の高騰、出荷者や販売先などのニーズの変化に組織やシステムとして対応が難しいこと、デジタル世代である若い世代の社員を中心とした離職率の高まりといった問題に遅かれ早かれ直面することになる。

　こうした問題を回避する意味でも、DX に取り組む事業者のメリットとして、（担当者がいなくなった際に誰もシステムのことが分からないという）システムのブラックボックスやシステム運用コストの増加を防ぐことができること、出荷者や販売先に関するデータやそれらの分析による付加価値の提供や新しい事業機会の創出、業務の最適化を通した生産性の向上による労働環境の改善などがあげられる。数十年前のシステムがまだまだ現役で多く稼働し、流通現場のデジタル化が遅れている市場流通業界において、継続的な事業運営を目指す上で DX への取り組みは他の業界以上に必要不可欠な取り組みであると言える。

4　農業流通現場における DX の取り組み

　現在、こうした DX の取り組みについては、農業の分野に限らず、建設や医療、不動産や物流、教育といったレガシー産業と呼ばれるような古い業界を中心に、様々な事業者が取り組みを行なっている。これらレガシー領域に

おいて、DXを促すサービスについては、所謂従来型（受託型）のITベンダーではなく、ベンチャー企業と位置付けられるような新しい事業者によって提供されるケースが多い。この理由としては、DXの特徴として先にも述べた通り、DXは外部との連携を前提とした新しい技術を使ったシステムやサービスが必要不可欠であること、業界における既存の慣習ややり方に囚われない新しいアプローチを着想し、提案することが必要である側面が大きい。すでに医療や不動産など大きな市場が存在する業界では、ベンチャー企業を中心にDXをサポートする様々なサービスが提供されている。一方で、レガシー産業の中でも複雑性が高く、業界の内部が業界外からは中々見えづらい農業流通の分野においては、そうした新しい企業によるサービスがまだまだ少ないというのが実情である。

　弊社では数年前から、農業流通分野において、荷受業務を中心とした事業者のDXに取り組んでいる。弊社が提供する農業流通現場向けアプリであるnimaru（ニマル）は、出荷者との電話やFAXによるやり取り、手書きによる帳票の作成や基幹システムへの情報の手入力といった流通現場における従来のアナログな手法を用いることなく、スマホやタブレットなどの端末を使って日々の取引業務の効率化、見える化をサポートする農業流通現場に特化したサービスである（**図6-2**）。

　出荷者は、農業分野でも利用者の多いLINEを活用したシンプルで使いや

図6-2　nimaruの仕組み

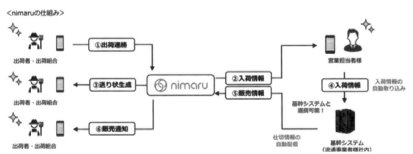

出所：筆者作成

すい画面から、日々の出荷情報をお手軽かつタイムリーにデータで流通事業者へ連絡。流通事業者は送られてきたデータを統一されたフォーマットで担当者及び社内で共有することができるため、流通現場で起きやすい情報の属人化も防ぐことが可能である。

　また、出荷者と流通事業者はnimaruのデータを使って送り状や販売原票など流通現場における各種帳票を自動で作成することができる。さらに、nimaruは事業者が利用する既存の基幹システムと柔軟に連携することが可能であり、出荷者から送られてきた出荷データを基幹システムへ直接取り込むことで、事務スタッフや荷受担当者により毎日数時間かかっていた入荷入力業務の負担を大幅に削減することができる。これに加えて、システム連携によりnimaruを通して日々の市況情報を各出荷者へ自動配信することができるため、事業者は、出荷者が必要とする市況情報を電話やFAX、メール等のツールを使うことなく、効率的かつ確実に提供することが可能となる。その他、出荷者との資材の受発注や、任意の出荷者に対する情報の一斉配信などnimaruは流通現場を効率化する多様な機能を有している。

　nimaruが画期的なのは、これまで難しいとされてきた出荷者である生産者による出荷情報のデータ化を実現している点である。従来、生産者からの出荷情報は電話（口頭）、またはFAX（紙）という形で流通事業者に伝えられ、流通事業者側でそうした全てのアナログな情報をデータ化してきたため、データ化の負担だけでなく、流通現場自体がアナログな情報の伝達をベースに組み立てられてきた。生産者からのデータによる情報の伝達は、これまでにもたくさんの業界の事業者やITベンダーが取り組んできた課題でもあったが、どの取り組みもITサービスの利用がそれほど得意ではない大多数の生産者が継続して利用するサービスや仕組みを作れずに終わっていた。そのようなこれまでの課題に対してnimaruは新しい技術や従来にはない仕組みを使って、高齢の生産者を含む一般的な出荷者が継続的且つ手軽に使えるサービスを提供している。

　nimaruが流通現場で支持される理由の一つが、先にも述べたLINEアプリ

図6-3　nimaruの利用開始画面

ユーザーはLINEで専用のQRコードを読み取る（にまるくんをお友だち登録）だけで登録が完了。すぐにご利用が可能。

出所：筆者作成

の活用である。農業現場におけるスマホの保有が珍しくなくなった現在においても、生産者が積極的にアプリなどのサービスを活用しているかというと、まだまだそのような状況にはなっておらず、新しいアプリの導入は、ダウンロードなどの物理的な障壁だけでなく、生産者自身の「新しいアプリは難しそう」といった利用に際しての精神的なハードルが非常に高い。

　一方で、スマホを保有する生産者の多くが、家族や知り合いとの連絡手段としてLINEを活用している。nimaruはこの点に着目し、生産者がLINEを使う延長線上でnimaruを利用することができるようにしたことで、利用にあたっての精神的なハードルを極力下げることに成功している。生産者は通常のLINEと同じように、「にまるくん」をお友だち登録するだけですぐにnimaruアプリの利用が可能となるため、アプリのダウンロードが一切必要ない（**図6-3**）。

　また、nimaruは生産者側での情報の登録や煩雑な選択肢からの選択を極力なくすよう、生産者の情報は事前に流通事業者側で登録を行うかたちをとっている。これにより、生産者はLINEのお友だち追加後、自身の名前や出荷している品目等の情報を一つずつ登録することなく、画面には自身が出

図6-4　出荷連絡の流れ

出所：筆者作成

荷している品目のみが選択肢として並ぶ仕組みとなっている。

　さらに、nimaruでは、流通事業者側で出荷者や産地、地域ごとにそれぞれ異なる等階級や量目、荷姿、入り数などといった情報を柔軟に生産者ごとに設定ができるため、生産者は表示された品目を選択すると、普段使っている規格がそれぞれ表示され、該当する規格の予め用意されたボックス内に出荷する荷物の数量の数字を入れるだけで、そこにひもづく出荷情報をデータとして流通事業者へ簡単に送信できる仕組みとなっている（図6-4）。

　生産者から送信された出荷情報は該当する品目の担当者、または担当チームのメンバー全員へ通知され、様々な形式での確認が可能となっている（図6-5）。また、生産者から届いたすべての情報は会社全体でも共有が可能なため、担当者による情報の属人化を防ぐことが可能である。

　こうした生産者の使いやすさを徹底的に考慮したつくりだけでなく、生産者がnimaruを継続的に利用する理由が他にもある。それは、生産者にとって、nimaruを利用することで手軽に日々の出荷情報をデータで流通事業者へ送ることができるメリットの他に、出荷取引業務における様々なメリットを生産者へ提供する仕組みがnimaruには存在しているという点である。

　生産者はnimaruアプリを使って出荷情報を手軽にデータで送信すると、

図6-5　帳票の作成画面

出所：筆者作成

図6-6　帳票の作成画面

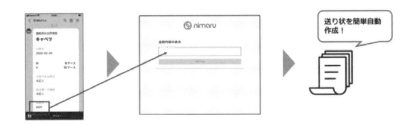

生産者が出荷連絡を行うと送り状などの帳票の自動作成が可能です（ご自宅または市場の荷受場に設置された端末から簡単に印刷が可能です）

出所：筆者作成

これまで手書きで作成していた送り状を自宅または出荷先の荷受所の端末から簡単に出力することができる。送り状だけでなく、流通事業者側で作成している荷受表や販売原票などの各種帳票もnimaruを使って自動で作成することが可能である（**図6-6**）。

　また、nimaruの特徴である基幹システムとの連携により、流通事業者は日々の市況情報を基幹システムへ入力するだけで、それらの情報を、nimaruを通して自動で各出荷者の端末へ配信することが可能である（**図6-7**）。タイムリーかつ確実な日々の市況情報の配信は、生産者にとって非常に有益なも

図6-7　市況情報の配信

担当者が日々の仕切り単価を自社システムへ入力

過去の仕切り単価もカレンダーから簡単にご確認が可能です

出所：筆者作成

図6-8　出荷者に対するメリット

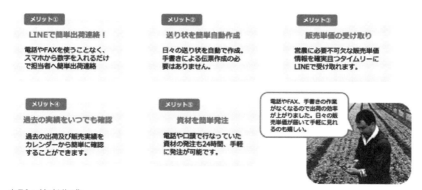

出所：筆者作成

のであり、生産者の事業者に対する満足度向上につながっている（**図6-8**）。

　上記のような新しい技術と新しいアプローチを使って、nimaruは、これまで難しいとされていた生産者による出荷情報のデータ化、それに伴う流通現場のDXの取り組みを促進し、個選出荷者・出荷組合の多い卸売市場を中心に実績が積み上げてきた。そうした実績をもとに、2020年秋からは、JAグループとの事業連携もスタート。市場流通の6割強と依然大きな割合を占

める系統出荷に対して、現状、やり取りの中心となっているFAXや電話を用いることなくJAと卸売事業者の双方が取引業務を効率的に行うことができる事業者間のデータ連携にも取り組んでいる。

　同じ青果流通分野においても、それぞれの事業者が置かれている状況により、競争優位性のつくり方は様々である。それぞれの事業者が、自社だけでなく、取引先や顧客を巻き込んだDXの取り組みを通して、独自の競合優位性をつくり出すことで、卸売市場流通を中心とした青果流通全体がより一層発展していくものと考えている。

第7章　商流・物流両面から進める卸売市場の スマート化

1　卸売市場のスマート化とは

　卸売市場を核とした生鮮流通の合理化を推進する目的により改正法が施行され、さらに食品衛生法や運送事業法、労働基準法の改正により生鮮流通のシステムは変革の時代を迎えようとしているにも関わらず、現実には卸売市場の業務や仕事のやり方はほとんど変わっていない状況にある。

　ところが、昨年来のコロナ禍による顧客の消費行動や物流現場環境の変化といった外的要因は、従来までの商売の仕組みを大きく変える可能性があると思われる。たとえば、花き市場ではまだ多くのせり取引が行われているが、せり場は閉鎖的な場所に多くの人が同時に密接して集まるいわゆる三密の環境である。卸売市場における価格形成機能として一部の品目などではせり取引が必要であることは事実であるが、現在のようなコロナ禍においては市場取引の新たな障害となっていることも事実である。もちろん各市場においては入室時の検温、着席の間隔を空ける、机や座席など人が触れる部分の定期的な消毒といった感染対策が取られているが、特にせり取引の場合は参加者における高齢者の割合が比較的高いため、新型コロナウィルスへの感染を恐れてせりに参加できない、といったケースも出てきていることも踏まえて在宅せりなどへの転換も図られつつある。

　本稿では、こういった社会環境の変化を踏まえ、卸売市場をICT（情報通信技術）の導入・活用により、新しい生活様式へ対応した姿に近づけていくことを卸売市場のスマート化と呼び、合理化の進まない現状の課題と解決の方向性を、商流面と物流面から考え、新しい卸売市場のあり方を提言してみたい。

2　商流面からみた卸売市場のスマート化

　卸売市場の情報システム化は、商流の業務合理化、データ蓄積・分析を目的に進められてきた背景があり、ネットワーク技術の進歩によりサプライチェーン間の重複業務を削減する目的でデータ交換なども進んできている。しかしながら、従来から卸売市場では人と人との直接的なコミュニケーションが重要視され、電話やファックスを利用したアナログ的な商慣習が多く残っている現状により、ハードウェアやインフラは最新化されても何十年にもわたりシステム自体に大きな変革が起きてこなかった。卸売市場のスマート化という観点でいえば、ICT技術を活用することで新しい商慣習や商取引の仕組みを構築することが可能であり、個々の企業においてはそのような取り組みも行われてきている。

　一般消費者を含めた商流においては、以前よりインターネット上に設けられたサイトでの商取引、いわゆるネットショッピングが一般的な取引の手段として認知されており、自宅にいながらにして書籍や家電はもちろんのこと日用品から大型家具、ネットスーパーでは生鮮品も購入することが可能になっている。コロナ禍の影響を受けて外出せずに買い物ができるネットショッピングは利用者増大傾向に拍車が掛かっている状況である。ショッピングサイトの運営会社も様々なものが提供されており、誰でも簡単に販売者としてショッピングサイトを作れるようになり、農家や産地が一般消費者に対してインターネット上で販売を行うことも一般的になってきている。

　卸売市場においても、相対取引のひとつの手段としてインターネット取引が取り入れられ、卸売会社と仲卸・買参人を結ぶ重要な取引手段やコミュニケーションツールの1つとなっている。しかしながら数量が不安定で価格変動が大きい、目利きができないといった理由により、花き業界以外ではそれほど重要視されてこなかった。また、導入されているシステムにおいても、取引サイト上に提示された単価に対し、買参人や小売業者から電話で商材や

数量の調整と合わせて価格の交渉を求めてくるケースが多くなり、その対応に卸担当者が多くの時間を割かれてしまうという本末転倒な課題もでてきた。

　卸売会社が取引サイト上に提示する価格は前日の相場や入荷予定量に応じて卸担当者が値付けしたものであるが、当然当日の注文の入り具合（需要）を見ながら随時手作業で価格の調整を行う。顧客が価格の交渉を求めてくるのは価格が需要とミスマッチしていることも一因であるため、弊社では需要に応じて価格を自動変動させる仕組みをインターネット取引システムの付加機能として導入した。

　商材の様々な条件を加味した上で価格の変動幅や変動頻度は変化するが、基本的には需要が多ければ時間経過とともに価格が自動的に上昇し、需要が少なければ価格は時間経過とともに自動的に下降していく仕組みである。いわゆる株取引のような価格変動、つまり長時間に渡り、せり上げとせり下げを組み合わせた取引を実施しているような形である。

　また、インターネット取引システムにアナログ的な商習慣を取り入れる動きもある。電話による価格交渉をインターネット取引システム上で行えるようコミュニケーションの機能を付加したものである。こちらもシステムで自動判断できる部分と担当者が判断できる部分を上手く組合せて交渉に対する返答を提示できるようにして、担当者の業務負荷が大きくならないように配慮すると同時に、買参人などに対して回答をできるだけ早く返せるようにしている。

　一方、せり取引に関しては弊社が1990年に日本初となる機械せりを開発し、㈱大田花き殿が導入したのを皮切りに、日本各地の大手花き卸売会社への導入が進んだ。その後、2007年からはリモートでせり取引に参加できるいわゆる在宅せりが導入され今日に至っている。

　せり取引リモート化の背景については、通常のせり取引ではせり時間に市場にいなくては参加できないため、自宅や自店舗といった市場外からも参加できるように買参人の利便性を高める目的があるのと同時に、卸売会社にとっては今までは開設区域の制約や地理的な制約から商圏外だった顧客を、

市場の商圏内に引きずり込むためのツールともいえる。インターネットを活用すればそこには国境さえ関係なく、物理的な距離を限りなく0に近づけることが可能となり、実際に海外から在宅せりに参加されている方もいると聞く。

　今回のコロナ禍において、インターネットを利用したWEB会議や、学校でのオンライン授業はここ一年の間で当たり前のものとなり、今後はリアルな会議や授業と、オンライン会議、授業をそれぞれの利点を考えながらどのように使い分けていくのかが重要視される時代への変化が急激に起きており、ICTの活用が今後の経営戦略と切り離せなくなってきていると言える。

　また、日本においてはファックスによる文書通信が使い勝手の良い情報伝達の手段として、卸売市場だけでなく様々な業界で用いられてきた。ファックスは「相手先が不在の場合でも送ることができる」、「受信時に自動的に物理的な紙文書として出力される」、「手書きの文章や図でも伝えることができる」といったメリットが重宝されてきた一方、「受け取った文書を手入力でデータ化する必要がある」、「手書きの文字が読めない、あるいは読み間違える」、「ファックス機が事務所にしかないために在宅勤務ができない」といったデメリットがあり、実際に今回のコロナ禍においては在宅勤務が導入された取引先から、ファックス注文ではなくインターネット注文ができるようにしてくれないか、と要求されて困っているという声を様々な業界から聞いている。こういった要求に対応できない場合は、取引とのビジネスチャンスを失ってしまうことになる。

　卸売市場においても今後はICTを活用しシステム上で効率よく行う業務と、対面できめ細かくコミュニケーションを取りながら行う業務とを相手に合わせてバランスよく組み合わせていくことと、相手の要請に応じた複数の手段やツールを提供できることが重要になってくるであろう。

3　物流面からみた卸売市場のスマート化

　運送事業法・労働基準法の改正は、運送業界の人手不足と相まって卸・運送業界の大きな課題となっており、農水省・経産省・国交省が中心になって食品流通合理化に向けた取組も行われている。また、業界団体ではスマート物流サービスというサプライチェーンの物流・商流データ基盤の研究開発が進んでおり、品目・業界をまたいだ商品・荷役・輸送データの蓄積・見える化とそれによるサプライチェーン全体最適化のプラットホームがすでに実装段階にまできている状況にある。

　卸売市場の情報システム化は、先に述べたとおり商流面での情報活用を中心に進められてきた経緯があり、商流情報の一部に物流情報を含めることで物流システムとして活用するケースが多い。しかしながら、商流情報は商習慣やコンプライアンス遵守などをベースとして扱われるため、実際の物とは異なるだけでなく、確定伝達のタイミングも実際の物流現場にマッチングしないという問題があるため、物流面での情報活用には不十分であった。

　たとえば、系統出荷団体と卸売会社との間では、以前から青果物はベジフルネット、花き類はフロリスネットと呼ばれるインターネット回線を利用した取引情報（主に出荷情報と仕切情報）のデータ交換の仕組みが利用されているが、卸売会社から出荷団体への仕切情報の通知に重きが置かれていること、また出荷情報については農協の集出荷場、農協、県連・県本部といった系統の複数段階を経て情報が伝達される仕組みであるため情報伝達に時間を要すること、さらに出荷品と情報との物理的な紐づけがなされていないこと等から商流面での情報活用に留まっており、物流面での情報活用が進んでいない現状がある。

　しかしながら、卸売会社の現場では荷受作業、せり準備などの物流作業のために出荷団体から確定した出荷情報を早期に入手する必要があり、商流とは別に各卸売会社が直接集出荷場にお願いし、電話やファックス、メール等

で情報収集をしているケースが多くみられる。

　また近年の物流業における長時間労働や低賃金による人手不足は当然ながら生鮮流通にも影響しており、特に生鮮品の輸送に関しては輸送効率が悪い、手荷役作業が多い、手待ち時間が長い等から運送事業者から敬遠されるケースも出てきているだけでなく、ホワイト物流推進による荷主責任も求められる状況になっており、出荷団体と卸売市場の間では、より効率的な物流体制の構築が求められている。

　こういった課題に対する解決策として、生鮮流通業界の中で卸売市場が主体となってインターネット上に生鮮品に関する物流情報を共有する仕組みを構築してはどうだろうか。すでに一部の出荷団体と卸売会社の間ではインターネット上のシステムを利用して出荷情報を共有する仕組みが導入されている事例もあるが、今後生鮮以外の品目との共同配送なども考えると、先のスマート物流サービスに相乗りすることも考えられる。この仕組みは出荷団体と卸売会社はもちろんのこと、物流業者から小売業者まで利用できるものとする。

　たとえば、出荷段階においては、出荷団体での出荷品積込時にその内容をデータ化し、システム上に保管する。出荷品にはいわゆるソースマーキングと呼ばれる出荷データと紐づけされた識別コードのラベル（バーコード、QRコード、RFID等）を貼付し、その後の流通過程において出荷品のラベルから物流データを特定できるようにする。

　卸売会社は、生産地の出発時点で正確な出荷情報をデータとして入手できるため、その情報を元にあらかじめ荷受けや仕分けの段取りを組むことができるとともに、小売業者などに売り込みを掛けることもできる。

　輸送段階においては、ドライバーが持っているスマートフォン等のGPSにより卸売会社がトラックの現在地を把握するととともに、ドライバーによるスマートフォンでの荷降ろし時刻の予約や、場合によっては卸売会社からドライバーに対して荷降ろしのバースや市場への入場時刻を指示することもできる。これによりドライバーは手待ち時間を最小限にすることができるとと

もに、卸売会社は荷受作業の事前段取り等の準備が可能となるため、荷降ろしの荷役時間を短縮することもできる。

　荷受段階においては、出荷品に貼付された識別コードと出荷データをシステムで照合することにより短時間での検品作業が可能である。近年の技術進歩によりラベルの貼付の状況によっては、パレットや台車をまるごと一回で読み取ることも可能である。その後はコンベヤやロボットによる自動搬送、自動仕分け装置、自動倉庫といった場内物流作業の省力化、省人化のための機械制御や、先入れ先出しの徹底、長期滞留品のチェック、在庫状況の把握といった品質確保や場内物流状況の可視化といった面でも効果が発揮できる。

　加えて仲卸業者・買参人・小売業者といった段階においては、この情報を自身の仕入れ作業おける物流情報として活用することや、生産地からの流通過程を把握するための手段としても活用できるようにしたい。

　一方、生産地と卸売市場との間の長距離輸送に関しては物流業界の現状を考えると、近い将来にストックポイントと呼ばれる生産地と卸売市場の中間に位置する共同輸配送拠点の整備が必要になってくる。そこでは各産地から出荷された大量の荷をパレットや台車単位で集約と仕分をするのはもちろんのこと、複数産地の出荷品を一つのパレットに集荷したり、逆に一つのパレットを複数の市場に仕分したり、といったケースが当然発生する。この作業を短時間で効率的に行うためには、ストックポイントに荷が到着するまでに各産地からの出荷データと、各卸売市場への仕分指示データが揃っていなければいけない。さらにたとえば、各卸売市場は自社への転送品に関してはこの時点でデータをストックポイントに届けていなければ転送してもらえない、といったことが起こる可能性もある。

　すなわち卸売市場が物流面で取り組まなくてはならないのはインターネットやICT技術の活用により、生産地と小売業者からの情報を卸売市場が集約、活用することで物流ルートを最適化し、トータル物流コストを最小化することである。このためには極端な例で言えば荷が生産地を出発する時点で、その荷の最終目的地が把握できているのがベストではあるが、物流のできる限

り早い段階で情報を把握することが物流最適化の効果を高めることになる。今後は生産地から小売業者までの各段階において、それぞれが持つ物流情報のタイムリーな提供と共有がより強く求められるようになってくるであろう。

4　課題解決に向けた卸売市場の役割

　今まで述べてきた生鮮流通の課題とその解決への取り組みについては、今のコロナ禍に直面して新たに出てきた事柄だけでなく、かなり以前から卸売市場関係者のなかでは問題意識として認識されてきたことも多くあると考えられる。

　それではなぜこれらの課題に対する解決や取り組みがなかなか進まないのか。これは不安定な数量、品質といった生鮮特有の課題だけでなく、様々な業態の関係者が長年にわたって続けてきた商習慣を簡単に変えられないところにある。当然ながら卸売市場の中だけ解決できるものではなく、情報システムを導入したからといって解決されるものでもない。出荷団体・生産者から仲卸業者・買参人・小売業者までを含めた生鮮流通のサプライチェーン全体としてその仕組みを含めて解決に取り組まなくてはならないものだからである。

　このような課題は、それぞれの立場にいる人たちが自身の問題と捉えずに、その解決を他の立場の人に頼ってしまったり、それぞれの利害が複雑に絡み合うことにより解決策を見出せなくなったりして、結局何事も前に進まないという状況をしばしば引き起こす。

　これらの課題に対しては誰かが中心となって進める必要があるが、生鮮流通サプライチェーンの中心である卸売市場がリーダーとしてその先頭に立ち、出荷団体から小売業者までを巻き込みながら、その解決への取り組みを強力に推し進めていくべきである。コロナ禍における社会環境の変化は生鮮市場流通にとってのピンチではなく、広く世の中に卸売市場の価値をアピールし、新たな時代における生き残りを掛けた構造改革の絶好のチャンスとしてとら

えるべきである。

　幸いにしてICT技術の進歩により世の中には様々な課題を解決するための
いわゆるクラウドサービスと呼ばれる利用料方式のシステムが商流面、物流
面を問わず豊富に出てきている。これらのシステムはある特定の業務範囲に
特化した上で、多くの人が利用できるように各業界の標準的な業務に合わせ
た機能があらかじめ用意されているケースが多い。また、利用にあたって必
要となる初期費用も、新たにシステムを構築する場合に比べると比較的安価
であるため導入のハードルも低い。

　以前であれば一つで卸売業務全体をカバーできるように自社で独自機能の
システムを作り上げる必要があったが、今後はそれぞれの業務に適したシス
テムを選び、それらを組み合わせることで業務全体をカバーするシステムを
構築する、もしくは今持っているシステムに足りない部分をクラウドサービ
スで補うといった使い方が主流になる。

　これまでの情報システム導入のように自社の業務に特化してシステムをカ
スタマイズするのではなく、できるだけ業務のやり方を標準的なシステムの
機能に合わせることで、社会環境の変化にも柔軟にかつ安価にスピーディに
対応できるシステム構築が重要である。今後、他社との差別化を図るために
必要なのは独自の業務のやり方ではなく、卸売市場としてのサービスの独自
性である。

　我が国の重要で必要不可欠な社会インフラである生鮮市場流通を、社会環
境変化を横目に見ながら自分たちの枠の中で単に持続していくだけでなく、
今後さらに魅力あるものとして新しい世代に引き継いでいくための中心的な
役割を卸売市場には期待したい。

第8章　コロナ禍への対応策

1　コロナ禍の下での業務遂行方法

　2020年のはじめ、「今年も良い1年を」と願い、いつもと変わらず正月を過ごし、いつもと変わらず年始の仕事に臨み、弊社の新たな商品として販売を開始した、青果卸売市場向けパッケージシステムの翌々年以降の営業計画と販売戦略について具体的な検討を進めていた。

　しかし2月初旬、横浜港に入港した客船内でのコロナ発生報道は日を追うごとに過熱していった。同騒動を契機に日本国内は今までの日常が非日常へと大きく変化していく。4月6日、首都圏に緊急事態宣言の発令が為された。感染抑制の為、不要不急の外出禁止が出された。私の営業活動も前年とは比較できないくらい制約を受けた。車の車輪に例えると、日本政府は感染抑制と経済活動の維持という相矛盾する車輪を車の左右に装着させ、車両を見切り発車させた。車は減速、加速、蛇行運転と不規則な動きを繰り返した。宿泊付きの遠距離走行も推奨した。一旦収束傾向となった感染は師走を迎え増加に転じ、年末には一機に倍増した。そして21年1月早々、首都圏に2回目の緊急事態宣言が発令された。

　弊社の青果卸売市場向けシステムパッケージ『VF emerge』は、弊社主力商品であるイスラエル製のシステム開発ツール「sapiens」を使用し、1年半の歳月を経て完成した。青果市場経営者・エンドユーザーに寄り添い、ユーザービリティの高い、カスタマイズが容易な画期的な商品として19年11月に販売開始に漕ぎつけた。弊社の開発ツールをご利用いただいている青果市場ユーザー様、また京浜地区の多くの青果市場様にも様々なアドバイスを頂いた。大変有難い事に、販売早々多数のお問い合わせをいただき、販売開始からわずか4ケ月後の20年2月、第1号案件の内示を頂いた。感無量の想

いであった。同案件は3月、正式契約締結となった。この時点ではコロナ騒動はまだ対岸の火事で、いずれは収束するであろうと楽観視していた。この感染が全世界的規模で蔓延していくことは私自身も含め、メディアによく登場する占い師さんたちですら想定していなかったに違いない。

　弊社の第1号受注案件に話を戻すが、正式契約となった青果卸売市場向けシステムパッケージについては、引き合い後のお客様への訪問は「商品説明」「見積り提出の為のヒアリング」「お見積り提出」のわずか3回のみだ。正式な調印セレモニーもなく20年3月15日、青果卸売パッケージのプロジェクトはWeb会議でキックオフとなった。弊社技術者はお客様と名刺交換もないまま、Web上で初めての挨拶を交わした。21年の本番稼働日を迎える迄、弊社技術者はお客様の開発室ではなく弊社内の開発室を奔走し続けている。

　システム導入経験のある有識者の方であれば誰しも、大きな疑問を感じるに違いない。新規のシステムを導入する際は、現状システムと新システムの比較に始まり、新規導入に対する希望事項のヒアリング・質疑応答・説明などを経て、システムで実現したいこと、提供される機能を比較することでパッケージの導入可否やパッケージのお客様別の修正（カスタマイズ）を検討する、Fit&Gapを行ない、新システムの具体的内容を技術視点でお客様と面前、膝詰めにて行う、いわゆる『要件定義』を実行する。

　訪問せずに要件定義はきちんと実行できたのか？　カスタマイズ部分の開発レビューはどうしたのか？　旧システムのデータ移行・マスター移行はどう行うのか？　また、ユーザー教育はどうするのか？　疑問点を挙げればきりがない。従来であれば当たり前に面前で打ち合わせする事柄ばかりだ。

　いくら優れたイスラエル製の開発ツールを駆使しても、要件定義をはじめ、面前での打ち合わせ無しにお客様のニーズに合ったアプリケーションを納品する事は今迄は不可能だった。

　しかし、今回の打ち合わせ手段はWeb会議・電話・コミュニケーションツールを複合的に使用せざるを得なかった。コロナ禍においては本来の日常は、非日常に変化してしまった。お客様も弊社も何故プロジェクトを継続し

続けたのか？　一番大きな要因は、希望的観測を含め両社ともコロナがここまで深刻な状況になる事を予測しなかったからだと思う。プロジェクトを進めていく過程でコロナはどんどん深刻さを増していったが、それでもプロジェクトは進めていこうという前向きな共有意識が2社間に存在していた事も、非常に大きな事柄だ。今になって思えば、全世界がこのような深刻な状況となる事が予見で出来ていたならば、プロジェクトの開始を躊躇していたかもしれない。結果オーライとなったと思う。弊社のプロジェクトマネージャーと開発技術者、そしてお客様間でのWeb会議の回数は現時点で通算130回を有に超えており、現在もその記録を更新中だ。

　ただ、当初は混乱の嵐だった。どちらかの音声が設定ミスで聞こえない、ネットワークが繋がらないなどの基本的な操作上、環境上のトラブルが続出した。会議が開始するまで10分以上時間を要する事も多々あった。打ち合わせを進行させる事に注力するあまりにお客様の表情を読みとれず、意向を汲み取る事ができず、すれ違いも生じた。資料共有が中々できず双方にストレス、行き違い、迷いが生じた。高感度なマイク・スピーカーは、マイクオフを忘れたお客様の本音、不満をしっかり拾いまくり、弊社の耳に突き刺さった。逆にマイクオフのタイミングが遅れ、弊社内の激論、お客様への反論がお客様に漏れ聞こえてしまうなど、あらゆる失敗をしでかした。双方気まずい思いを沢山した。

　そのような紆余曲折を経て、ようやく齟齬なくプロジェクトを進める体制が整った。相手側の話す速度、人柄も理解できるようになり、冗談も飛び交うようになった。お客様も我々も相当辛抱強かったのだと思う。

　こうした経験によって、「Web会議だけでシステム開発の要件定義や開発レビューがきちんとできるのか？」との質問を今受けたとすれば、『必ず出来ますよ』と笑顔で返答が出来る。Web会議での様々な失敗は"産みの苦しみ"として、我々とお客様のノウハウとして蓄積された。環境が変わればその環境に即して対応しなければ物事は進まない。お客様も弊社も双方が共通の意識・ベクトルを持ち、かつ創意工夫を怠らない事で結果が出てくる事を、

身を持って経験することができた。Web会議での要件定義、恐れるに足らずだ。まさにこれが「システム版withコロナ対応方法」だ。骨の折れる出来事の連続であったが、前向きなお客様にも感謝の気持ちでいっぱいだ。

　さて、弊社が現在営業アプローチさせていただいている青果卸売業界（市場）も、今回のコロナ禍で様々な業務対応を実行されている。どの市場にも共通している点は、国の指導により食品流通の基幹を為す市場は社会の重要な役割を担っており、食の流通を止めないという社会的責任を全うする事から機能し続ける事を義務付けられている事だ。今回のコロナ禍で改めてその市場の重要性が再認識されたと言って過言ではない。機能し続けるという観点から言えば、市場業界のシステムを担う弊社も、微力ではあるが同様だと強く肝に銘じている。

　コロナが収束しない中、青果業界も感染予防を実施しながら対応している。一部の青果市場においては、一部の業務においてリモートワーク対応を行っている企業もあるようだ。現物の集荷・販売を行ない、物流拠点として機能している市場において、完全なリモートワーク化を実現する事は不可能に近い。商品は現場で流通している訳で、これは青果市場経営者にとっても、システムベンダーである弊社にとっても、青果営業職の為、具体的策を提案し実行していく事が急務である。

2　情報の属人化から可視化・共有化へ

　農林水産省の「卸売市場データ集」によると、2018年度の中央卸売市場の青果部門および地方卸売市場の青果部門の税込年間取扱高合計は3兆2,358億円である。青果卸売市場業界に参入してまだ日が浅く弊社が偉そうに語るのは大変おこがましいが、今後弊社はこの大規模マーケットをターゲットとして貢献していく気持ちで一杯だ。これから述べる所見だが、業界の隅々まで熟知していない、怖いもの知らずの営業の一意見として、又しがらみがない新鮮な観点からの意見だという事を汲み取っていただくと大変有難い。

　業界リサーチも含め、青果市場業界に携わって約3年の歳月が経過する。業界のシステムの現状を一言で表現すると、情報と情報をつなぐICT化の浸透率は極めて低く、人を介した人的関係（信頼関係）に基づく情報収集・情報伝達の依存比率が極めて高い。一言でいうと「属人的な世界」がまだ主流を占めている。もちろん属人的な世界は「できる営業職による信頼できる人脈作り」の成果であり、これを否定するつもりは全くない。この属人化に、システム化をプラスアルファ出来ればすれば、強固な仕組みが構築できると強く自負している。

　一方で勤怠に目を向けると、青果業界に就労する方の勤務時間（拘束時間)は他業界と比較して長いと感じる。また、業務における携帯電話、FAXへの依存度が極めて高い。私と同じ営業職はとりわけ長時間勤務（拘束）が定常化しているように感じる。最近新たな取り組みを実施している話も耳にするようになったが、この課題をシステム化の観点から解決すべきだ。時代に沿った働き方や、ICTを活用した情報化が必要だ。そこにこそ、"新参者"ある弊社の存在意義があると確信している。

　ところで、19年10月の軽減税率導入前のシステム改修時の中、システム改修が進まず、イライラしているユーザーを数多く見かけた。軽減税率の具体的の複雑な仕組みがシステム化が遅れる要因の一つとなったのも事実だが、システムベンダーの対応も遅々として進まなかったようだ。この原因は何であろうか。例えばEDIの取引が世の中において中々浸透しない理由と似ているような気がする。これだけ情報化が進んでいるにも関わらず、これらが浸透しない共通の理由は、個々の立場で個別の取引を進めていくあまり、仕組みを可視化して進めていく総合協力の体制ができていないためと思えてならない。加えて同業者でも、協力と競合の棲み分けが確立していない。

　個々で対応すべきだと言われてしまえばそれまでだが、お客様側もベンダー側もコロナ禍においてはもっとオープンな世界で共存共栄をしなければ、共倒れのリスクもあり、お互い助け合う精神が、今だからこそ必要なのではないだろうか。今までの日常が100％戻ってくる事は非常に難しいと思われ

る。昨年6月、改正卸売市場法が施行された。同制度改正に伴う大きな動きは今のところないが、システム内容の変更を行わざるを得ない場面は、一度動き出すと待ったなしに加速化する。減税率対応時のような混乱が容易に想定できる。2023年に実施が確定している適格請求書保存方式（インボイス）も帳票変更を含め、大きなイベントとなる。これをいかにお客様と共に乗り切るかがITベンダーの腕の見せ所だと感じる。

3　AIを活用したシステム化

　コロナ禍において、ユーザーの下へ行きたくても行けない状況を経験し、「為せばなる、やらねばならぬ何事も」も実践した弊社にとって青果業界に貢献できることは、非常にうれしく誇らしい事だ。

　今後挑戦したいことがある。新規発売した青果卸売システムの販売を通じて青果市場業界に貢献していく事は勿論だが、是非とも実現したいことがある。それがAIを活用したシステム化を推進していくことだ。在宅において出荷者からの荷受け情報を入荷入力し、現場での入力時間を極力減らし、分荷対応する。また買参人との交渉を即座に注文情報として価格決定を行い、仕切りを実行する。まずは在宅にて対応を可能とするスマホ・タブレットを活用する事は当たり前であり、さらにAIを活用した自動入力の対応を検討したい。

　そしてAIを駆使する事により個別データから個々の買参人の発注傾向、癖、パターンを日々予測して、出荷者からの買付に活用するなど、過去データの活用と予測を買付、受注に活かすことができるようトライしてみたい。

　青果市場は巨大なコールドチェーンであり、物流を含めて大きな枠組みで捉えていくべきだ。なぜなら青果市場は日本の食を支える機能として必要不可欠な存在であると同時に、技術的革新が可能な分野であるからだ。新参者であるが大きな夢と希望を持って青果市場業界に挑戦していきたい。

第9章　コロナ・ショックと水産物卸売市場の行方
～川下への進出と非競争領域の拡大～

1　はじめに

　コロナ・ショックとも言えるCovid-19の感染拡大の影響は我々の生活様式を大きく変えている。2020年4月～5月25日の政府の「緊急事態宣言」の下で各県知事により都道府県民の不要・不急の外出自粛が要請された。高齢者を中心に「巣ごもり」が定着した。これを通じて国民の「食」のあり方も変化した。「緊急事態宣言」の解除後、Go Toトラベルキャンペーンで国内旅行者が増えるなど徐々に日常生活が戻ってきたかと思われたが、第2波のCovid-19の感染拡大があって自粛ムードはあまり解けず、若者を除く多くの国民が外食機会、会食機会、旅行機会を大きく減らした。飲食店は店内の感染対策に努力したりテイクアウトの業態を取り入れたりして対応するも、2020年11月から始まっていた第3波のCovid-19感染拡大を受けてGo Toトラベルキャンペーンが一次停止され、また国民へは5人以上の「会食」自粛が要請さるなど改めて需要喚起が抑制される状況になった。さらに第3波の勢いが止まないことから、政府は2021年1月7日に1都周辺3県を対象に再び「緊急事態宣言」を発出、1月13日に7府県を対象に広げ、対象地域の飲食店には午後8時までの閉店を、都府県民には昼間の不要不急の外出や会食も控えるよう呼びかるに至った。これを受けてサイゼリヤやワタミなどの大手外食チェーン店も含めた外食産業の大規模自粛が始まった。2度目の「緊急事態宣言」の期間は3月7日までだったが、延長となり解除されたのは2021年3月22日であった。ただ解除されてからも、飲食店への要請の閉店時間が午後8時から午後9時と変更されたものの、営業時間の短縮要請は続いた。

　これによる外食産業への影響は計り知れない。外食産業からすれば明らか

に「社会災害」である。

　この災害はいったいいつまで続くのであろうか。この災害がコロナ禍下の一過性の現象、つまり感染拡大が収束すれば外食需要が元に戻るのであれば良いのだが、コロナ・ショックは外食需要を毀損している。アフター・コロナで「元に戻る」とは言い切れなくなっている。このことは外食産業と強い繋がりのある卸売市場に様々な影響を及ぼすことになる。

　筆者はこの間、水産物需給の動向をウオッチしてきた。データが出そろうまで確実なことは言えないが、Covid-19感染拡大の収束後の水産物流通は大きく変わってしまうのでないかと想定している。そこで本稿では、水産物卸売市場がこれまで辿ってきた経路を踏まえながら、コロナ・ショックが水産物卸売市場をどう変えるのか、または水産物卸売市場がどうすれば良いのかを考えてみたい。

2　コロナ前の状況・・・川下の新陳代謝

　今日では、輸出を手掛ける卸、仲卸もいるが、消費地に立地している卸売市場は都市と一体化していることから、現在も主として国内消費向けに機能している。

　しかし、その都市と卸売市場との関係は従前と大きく変わった。例えば、昭和が終わるころ、または平成が始まったころ、国民経済がまだ豊かだった時のことを思い出そう。商店街やその周辺で営む魚屋や外食店は個人事業主によって営まれているものが多く、法人形態であっても地元資本や地元名士の老舗であった。それらの事業者は地元の卸売市場の買出人組合に属し、仲卸から調達するか、買出人組合に属するいわゆる「納め屋」という卸業者から食材を調達してきた。卸売市場の品揃え力がその町の魚食を支え、そこには卸売市場を核にした緩やかな川下の食産業コミュニティがあった。このコミュニティは単に商慣習や情報を共有しているだけでなく、まちの食を相互に支えているという意識を共有してきた。

　しかし、平成に入り景気後退が進み、まちに張り付いてきた食産業のコミュニティは弱体化していく。なぜなのか。

　冷凍水産物や加工品においては1970年代からスーパー・マーケットの力が台頭してきたことで卸売市場では商物一致、受託・セリという原則からずれた例外的な取引が圧倒していたが、保存が利かない鮮魚の多くはその日その日の需要に応じた原則的な取引が90年代中頃まで半分を超えていた。この時代はまだ「目利き」に勝る仲卸の出番が多かった。問題はバブル経済崩壊の影響が強く出た90年代の終わり頃である。このころから鮮魚においても半分以上が例外的な取引となり、2000年代に入ってからその状況が加速した。

　この背景には90年代の超円高基調とデフレスパイラルが伴う景気悪化がある。円高は水産物の輸入増と国内市場への過剰供給状態をもたらした。過剰供給により小売価格、卸売価格が押し下げられただけでなく、市場外流通をより拡大させた。

　デフレ不況の影響は長引き、『家計調査年報』に示されている世帯の可処分所得は1997年から2011年まで落ち続けた。このようなデフレ経済が続く中で勢力を拡大していったのが、チェーンストアや外食チェーンであった。どこの町にも郊外にチェーンストア系店舗の展開や外食チェーンの店舗が立ち並んだ。

　進出してくるチェーンストアの事業者は、地元の食産業コミュニティから干渉されることがなく、地元の商慣習を気にする必要はない。彼らは集客競争の激化を背景にマーチャンダイジングを強化すると共に、卸売市場からの仕入れについても、要求を厳しくしていった。卸、仲卸は、大口の大型小売店舗や外食チェーンとの取引先を増やすことが同業者との競争に勝ち抜くための策になることから、少しでも早く安く仕入れたい大口の業者への要求をのまざるを得なくなった。

　一方で、集客力に勝るチェーンストアや外食チェーンの店舗展開は早く、90年代以後、地元の鮮魚店や飲食店の淘汰を進めた。卸売市場はこれによりチェーンストアや外食チェーンへの依存を高めざるを得なくなる。しかも、

資力のある小売・外食は卸売市場の先にある産地との関係も強め、場外からの仕入れも視野に入れながら卸、仲卸に対する取引交渉力を強めてくる。卸売市場は主導権を握った大口の小売・外食チェーンに抗えないまま、取扱量を減らし、その結果として市場経由率は落ち続けた。80年代前半70％以上であった市場経由率は2017年度に50％を下回った。

3　仲卸、卸の展開

　当該開設区域の鮮魚店や飲食店が減れば、仲卸の取扱量も自ずと減る。基本的な仲卸の営業スタイルは、買出人に店先で販売するというものであるが、今ではそれだけでは販路が広がらないことから、注文に応じて仕入れた商品を実需者のところに届けるというやり方も行われている。そのように営業範囲を広げるだけでなく、注文に応じてパッキングや加工を施すなどの付加価値化や新サービスに努力してきた有力仲卸もいる。しかしながら、大口のチェーンストアとの取引に踏み込むことができる仲卸は限られており、仲卸業界全体としては川下の新陳代謝に適応できなかった。

　そうしている間に、卸売市場における買出人、仲卸の減少は止まらなくなった。このことで地元に根付いていた川下の食産業コミュニティは縮小した。

　仲卸の販売力が落ち込むということは卸と仲卸の取引が少なくなるということにもなる。そのため、卸は兼業事業の拡大や人員削減などで経営の合理化を図らざるを得なくなった。開設区域を越えたM＆Aによって拡大した会社も西日本では見られたが、開設区域内の卸単体で見ればその会社規模はサイズダウンしている。ただ一方で、有力な卸は状況を見過ごしているだけでなく、第三者販売や「転送」を増やすなど例外措置を使ってチェーンスト系への供給体制を強化し、仲卸に頼らない独自の販路開拓も進めてきた。ある意味、仲卸の機能の一部を卸が吸収するというものである。原則の重視を唱える仲卸からすると面白くない。卸への対抗策として直荷引きをする仲卸も

出てくるが、直荷引きする力量がない仲卸は打つ手がなく、ただ不満を蓄積するしかない。卸売市場にかつてあった一体感は失われていった。

4　「脱さかな化」の流れと仲卸

　まちにある小売業界の新陳代謝が進むなかで魚の売られ方も大きく変わった。鮮魚売場の「脱さかな化」である。

　食品スーパーであっても買い物客が群がる店では、生鮮品の鮮度感が大事にされている。生鮮魚介類では、艶のある尾頭のついた丸魚や活貝が売り場の目立つ棚に並べられているケースが多い。それは客を楽しませるための演出でもある。ただし、生鮮魚介類は腐食や劣化が早いため、店はその日その日の客層を想定しながら仕入れと販売促進を上手にできなければ、発生するロス（売れ残りの廃棄）が多くなり、経営がもたない。店舗には、魚についての専門性の高いバイヤー、バックヤードでの調理技術や来客への提案力（話術にも長けた）をもつ店頭職員の存在が欠かせない。しかし、一般的な食品スーパーにおいて専門的なバイヤーや店頭職員を育成するのは容易ではない。それゆえ、リスクの高い丸魚や活貝に力を入れている店舗は増える傾向にはなく、レアな状態になっている。

　いわゆる鮮魚店は80年代始めから減少し続けた。今では街中で見つけるのも難しくなっている。それを証明するかのような調査が今から10年以上前に行われた。2008年度に食育啓発協議会（一般社団法人大日本水産会内）が行った。調査では、子育て世代の77％がスーパー・マーケットで魚を購入している、という状況だった。このことから都市部において魚屋で売られている魚で育った子供は希な存在になっていると言える

　都市部の店舗では、単身世帯が増え、家庭内の調理機会が減っている生活者の消費事情に併せて「さかな」そのものよりも食べやすさを意識した水産加工食品（調理済みも含む）を充実化させてきた。生食用の魚も切り身か、刺身か、寿司セットになったものが定番化している。素材としての「さか

な」の出番が少なくなり、そのような付加価値型の水産食品が売り場を席巻
している。

　このような商品は水産物であっても料理に手間がかからないし、肉のよう
に可食部しかなく生ゴミがでない。食べやすさとゴミ処理の問題が一挙に解
決されているゆえに、こうした簡便化商品のマーケットが拡大した。いわゆ
る「素材」への関心を弱めた「現代都市生活者の合理的選択」がもたらした
結果ともいえる。さらにチェーンストア系の店舗では、惣菜部門が成長分野
となっている。鮮魚売場に水産食品があってもそこは「脱さかな」化された
空間となっている。

　こうした展開のなかで、卸売市場が果たす役割も変わり、仲卸は自ら付加
価値を高めていく努力をしなければならなくなったが、規格化された簡便性
と価格訴求に傾斜しているばかりに、目利きを武器にしてきた仲卸の出番が
少なくなっていった。

　それでも、「目利き」の力で価値を付ける鮮魚の需要は食材に拘る料理屋
や寿司屋などといった外食事業者により維持されてきた。しかも郊外型の大
型小売店舗の新規出店の勢いは収束しており、むしろ駅前再開発による食品
スーパーの新規出店が進んだ。どちらかと言えばハイエンド型の食品スー
パーである。そのような店舗と従来から残り続けている有力鮮魚店（デパ地
下の鮮魚店など）へのルートと、これらの外食店によって伝統的な卸と仲卸
を通じた卸売市場ルートが維持されてきた。

　これが水産物卸売市場の生命線と言っても良い。しかし、鮮魚需要を担う、
その外食産業は、観光地などではインバンド需要を取り込めたものの、内需
に対してはジリ貧状態が続いてきた。そこに2020年Covid-19の感染拡大が直
撃した。

5　コロナ・ショックの影響

　Covid-19の感染拡大による混乱は未だ続いている。飲食店への営業時間短

縮や休業要請だけでなく国民に対して会食などの自粛要請が政府や自治体から行われた。年間3,000万人近いインバウンド需要が失われているなかでの自粛要請である。外食産業は大打撃を受けた。

　他方、外食需要が劇的に落ち込んだ分、食品スーパーは絶好調となった。それだけではない。生活協同組合などの無店舗販売（宅配事業）、ECサイトを使った通信販売も飛躍的に拡大した。水産物については冷凍品や加工品が大半を占める。卸売市場でも、家庭内向けに供給される冷凍品や加工品については売上好調であったが、外食産業や観光事業者に向かう商材については低調だった。もっとも、外食との繋がりが強かった仲卸は悲惨な状況になっている。

　本来、外食や観光事業者に向かう高級な鮮魚類も食品スーパーや通信販売事業者に流通するようになった。しかし、それらは商品によって明暗が分かれた。カニ類や魚卵類など凍結によりストックの利く高級水産物は通販中心に売れ行き好調となったが、通販商品になり得ない高級鮮魚については外食需要が失われているため値崩れしていった。そのため、産地でも出漁を控えるなど、鮮魚流通に関わるサプライチェーンは細ってしまった。

　売先を失った仲卸においては、持続化給付金や家賃支援給付金などの政府支援によって経営の維持を図っている。しかし、そのような延命措置で今は経営を維持できていても根本解決にはならない。先述したように、この混乱が始まる前から鮮魚流通のネットワークは縮み続け、仲卸の経営は悪化の一途を辿り、卸売市場とその周辺は縮小再編を続けてきた。明るい兆しが見えない中、後継者の不在で事業承継の課題を抱えている仲卸問題が顕在化していた。Covid-19の感染拡大が収束し、外食産業や観光産業が通常営業ができるようになったとしても、以前と比べて鮮魚需要は縮んでいるため鮮魚流通はこれまで以上に狭隘化するものと考えられる。

6　コロナ空けの展望

　振り返ると、小売・外食といった川下の新陳代謝が進み、買出人と仲卸で構成されるネットワークは縮小してきた。伝統的な鮮魚流通が細ってきたからに他ならない。その上、鮮魚流通の頼みの綱である外食産業が厳しい状況に置かれており、コロナ・パニックが収束したあとも産業の縮小は免れないと考えられる。そして、はっきりと数値では表せないが、世代交代が進まず、廃業か、同業者に事業継承かという瀬戸際に立たされている仲卸が多数存在していると思われる。政府支援がやがて及ばなくなり、多数の仲卸が一気に廃業になると市場での取扱量・額が減る上、空き小間が増え、開設者の市場会計を悪化させる。放置すると地盤沈下を招き、卸売市場は立ちゆかなくなる。

　今、考えるべきは、卸売市場が開設して以来、形成されてきた川下の食産業コミュニティがさらに縮むことを前提に卸売市場がどうやって難局を乗り越えるか、である。

　まず「食」の変化である。想像の域を出ないが、感染拡大の収束以後も安定する「食」は「通販」や「中食」の分野ではないか。特に高齢者世帯への供給は増えると思われる。テレワークが一過性のものでないと見られているものと同じようにこれらの分野はコロナ・ショックでよりサービスが行き届いた業態に成長したものと見られる。実際、日本国内の各都市部で外資系事業者である「Uber Eats」によるオンライン・フード・デリバリー・サービス事業が拡大した。

　都市部の高齢者は徐々に買い物の機会や自宅での料理の機会を減らし、「通販」や「中食」の機会を増やしてきた。このことはサービス提供側にとってはまたとないビジネスチャンスになっていることからCovit-19感染拡大終息後も顧客を失わないような努力が続けられるだろうし、需要者がこのサービスに対して効用を高めていたとしたら多少機会を減らしたとしても

「通販」「中食」利用は以前より定着する可能性がある。

　もちろん、会食や接待のための外食は他者と親交を深める機会であり、「通販」や「中食」がその機会まで奪うことはあり得ず、Covit-19感染拡大終息後、外食産業が再生していくのは確実である。しかし一方で、日本社会は感染拡大以前より高齢化がさらに強まっていることも確かなため、高齢者が外食機会を増やすという理由が見つけられない限り、また再開されるインバウンドがその減少分を上回る需要を生まない限り、外食産業のサイズダウンは決定的だと思われる。

　それだけに「通販」や「中食」の分野に卸売市場がどうアクセスするかが第一の課題になる。しかし、このことは外食を見切るという意味ではない。卸売市場は、「通販」「中食」へのアクサスを増やしながらも、外食産業の復興に積極的に関与すべきである。「刺身」「寿司」なども含めて本格的な魚料理の味わいは「通販」「中食」では補えない。鮮魚流通の「行き先」の大事なところはやはり板前のいる業務筋である。卸売市場が外食の復興にどれだけ関与できるかが第二の課題である。

　そのうえで、仲卸の再編がどうなるかである。事業承継として誰が担うかということもあるが、新たな川下の食産業コミュニティを形成していく必要がある。卸と仲卸、卸と卸、仲卸と仲卸との間には対立軸があるが、卸売市場全体にかかる無駄なコストを削減するためにも、この対立を穏やかにしていく必要がある。もちろん、卸と卸、仲卸と仲卸、卸と仲卸の合併や系列化がコスト節減にてっとり早い。この方向性は強めざるをえないが、一方で強引な合併や系列化によって反発が生まれることもある。合併・統合、系列化を除いてできることは、例えば物流面で協働できるところは協働するなど、卸売市場において「非競争領域」を拡大していくことである。物流面を中心に、個々のビジネスをスリムにして競争やコストを削減できるような協働ができないだろうか。分野を超えて供給先が重なる青果の卸売市場とも議論ができないだろうか。

　このコロナ・ショックを機会に川下に踏み込むと同時に「非競争領域」の

拡大を図り、業界全体の収益構造を変える議論をして欲しい。

参考文献

濱田武士「昭和時代の「魚食ブーム」をヒントに　魚食普及を考える」『季報』（公益社団法人　水産資源保護協会　発行　13（3）、3-6、2020年11月）

濱田武士「我が国の魚食はどうなるのか」『食品と容器』（61（7）、pp.412-419、2020年7月)

濱田武士「激動する漁獲変動と食卓」『週刊　世界と日本』（内外ニュース、2020年2月3日）

濱田武士『魚と日本人─食と職の経済学（岩波新書)』（岩波書店、2016年10月）

第10章 「機能中心の施設整備」の推進
～「社会インフラとしての市場流通」の再評価～

　コロナ禍の下で「新しい日常」が求められる2021年（令和3年）は、昨年に引き続き市場流通の世界に大きな変化をもたらすだろう。

　改正市場法施行による市場流通の変化は誰もが予想していたことだが、コロナ禍による市場流通の変化は、その予想を遥かに上回るものとなった。

　市場流通はコロナ禍に対してどのような貢献ができるのだろうか、コロナ禍による市場流通の変化と対応について検証する。

1　改正市場法をめぐる市場再編

　2018年（平成30年）の改正市場法制定時から、すでに市場流通は大きく動き出していた。1971年（昭和46年）の卸売市場法以来もっとも大きな変革となる「市場流通新時代」の幕開けとなった2018年（平成30年）から2020年（令和2年）までの青果、水産、花き市場における主要な動きをあげる。

2018年（平成30年）5月　　生産者団体による卸「札幌ホクレン青果」と「丸果札幌青果」の統合による「札幌みらい中央青果」550億円卸が誕生。

2018年（平成30年）11月　　横浜丸魚とスーパーロピアが合弁で川崎南部市場水産卸川崎丸魚設立。

2018年（平成30年）10月　　米穀のトップ卸「神明」が成田市場青果の株式70％取得。

2019年（令和元年）10月　　水産加工卸「㈱一光園」が尼崎公設地方市場の水産部卸として入場。

2020年（令和 2 年）4 月	運送業ナオヨシ㈱が上尾青果市場卸「埼玉県中央青果」経営権取得。
2020年（令和 2 年）4 月	名古屋北部市場「セントライ青果」865億円卸に。
2020年（令和 2 年）6 月	スーパー「駿河屋魚一」が高山公設地方市場の魚菜卸「ひだ高山中央市場」の青果部門のみ事業継承。
2020年（令和 2 年）7 月	IT企業オークネットが世田谷中央市場花き卸「砧花き園芸市場」買収。
2020年（令和 2 年）11月	5 年間の公正取引委員会の規制が解除され、レンゴー青果と長印による「R＆Cホールディングス」1,300億円卸が本格稼働。
2020年（令和 2 年）11月	豊洲市場水産部の 1 部上場卸「東都水産」の株式を麻生グループが友好的公開買い付け。
2020年（令和 2 年）12月	東果大阪、岡山大同青果、成田市場青果の三社をグループ展開している神明が東京シティ青果の親会社「東京中央青果」の株式30％を取得、グループ青果卸 4 社の合計取扱高1300億円の全国 3 位の大型青果グループに。

　こうした動きは従来の市場再編のパターンと大きく違う。

　札幌や名古屋北部の青果卸統合は、改正市場法前からの課題であった集荷機能強化が主要な目的であった。R＆Cも同じだが、統合はありえないと言われていた卸の統合という意味では新しい動きだが、基本は従来の市場流通の延長線上での新しい動きであった。

　しかし、従来と大きく違うケースが、米穀卸、水産加工卸、小売スーパー、運送業、IT企業などからの「市場卸売会社」への参入である。これらの新規参入企業は、単に市場外企業が市場流通に参入したというだけでなく、積極的に自己資金を投入して「卸売市場」という社会インフラを活用しようと

いう動きである。金融機関や開設自治体首長などからの要請で「やむを得ず」参入したケースもあったが、そうしたケースは減っている。

また、改正市場法制定時に市場業界から懸念されていた、大手量販店や全農、全漁連等が自ら大規模卸売市場を開設するケースは出ていない。

2　市場流通の再評価～国内農水産物の生産振興と輸出拡大

コロナ禍によって、市場流通はどのように変わるのだろうか。コロナ禍を契機とした食料安全保障の視点から、市場流通の再評価が進んでいる。

コロナ等の新型ウイルスはこれまでも数十年おきに発生している。今後も起きる可能性は高いが、そうした中でも経済のグローバル化は進むだろう。今まで市場流通は国内流通が主であった。しかしコロナ後のグローバル化時代は、輸入依存型から脱却し、優れた国内農産品の輸出拡大と国内食品産業振興に向けた第一次産業の活性化とが両輪となり、市場流通の活躍の場が広がることになる。

国は従来、輸入品に依存してきた加工・業務用野菜の国産切り替えの促進に向けて、加工業務用野菜生産の拡大と、国産野菜の輸出促進に向けた産地育成などの支援に取り組むことを明らかにしている。

3　市場流通の目指すもの

（1）ソフト面の課題～フィジカル・インターネット

食品流通としての市場流通が、今後、サプライチェーンを構築する上での大きなキーワードとなるのが「フィジカル・インターネット」である。聞き慣れない言葉だが、今まで繰り返し言われてきた「物流と情報」を一体化した言葉であり、「Physical and Internet」ではなく「Physical Of Internet」（インターネットで構築された物流）である。「IOT」（モノのインターネット）がネット主体であるのに対し「物流」のあり方を定義した言葉である。

　以下、フィジカル・インターネットにおける具体的な取り組みを紹介する。

パレチゼーション〜パレットの共同利用と循環利用

　水産物よりも荷姿を平準化しやすい青果物流通におけるパレチゼーション（荷役作業の効率化）は、「農産物パレット推進協議会」によって産地から小売・実需者までを対象とした共同利用と循環利用とが取り組まれている。そのための課題は、木製パレットからプラスチック製パレット（プラパレ）への転換と循環利用のためのRFIDによる移動管理である。プラパレに転換する必要性は、東京大田市場における現状を見るだけで十分だろう。（写真）

写真　東京大田市場の廃棄木製パレットの山

　もう一点の循環利用の鍵を握るのがRFIDの活用である。RFIDは、物流の様々な場面で使用されており、使用が拡大するとともにネックだった単価も下がっており、パレチゼーション促進の大きなツールとなっている。

トラックバース予約システム

　東京大田市場は場内のトラック渋滞解消に向けて、トラックバース予約システム（通称・Eパーク）に取り組んでいる。

　もともと大田市場は1989年（平成元年）に開設するにあたって、羽田空港

に隣接する大田区臨海工業団地に位置しているだけに、トラック渋滞緩和の対策を取ることが大田区からの大田市場開設同意の条件だったが、近年さらに周辺道路の交通渋滞が目立つようになってきた。大田市場においても、特に青果部は東京青果の取扱シェアが年々拡大するとともに場内の渋滞が進み、東京青果は2011年（平成23年）に立体配送センター「大田市場ロジスティクスセンター」を独自に建設するなど対応を進めてきた。

　Eパークは、こうした場内渋滞緩和を目指す一環として、2019年（令和元年）から東京青果が始めた。これに花き部のFAJ、太田花きも参加し「大田市場Eパークシステム」として取り組まれている。

省力化から省人化へ

　Eパークシステムは、レストラン等で予約を入れるシステムと基本は同じで、荷下ろし作業のスピード化や卸職員の荷置き場・荷待ち体制の効率化、ドライバー負担の軽減など、いくつものメリットが生じている。

　またこうした直接的なメリットの他に、どうしてもトラックの場内渋滞を解消しなければならない理由がある。それが2020年（令和2年）4月の労働派遣法の改正による同一労働同一賃金制の導入である。この改正によって、荷下ろしまでのドライバーの待ち時間や卸社員の夜間着荷までの待ち時間が労働とみなされるようになった。産地からの品物が市場業者に所有権が移転するのは、卸売場で荷を下ろし検収が終了した時点である。しかし、こうした待ち時間が市場負担となると人件費コストは何割か増えることになりかねず、「省力化」から「省人化」は市場側にとっても喫緊の課題となっている。

　現在、農水省、経産省、国交省の3省共同による食品流通合理化検討会が、ドライバー不足解消などの「ホワイト物流」政策を打ち出した。今やトラックドライバーの待ち時間解消の課題は、大型拠点市場だけの課題ではなく市場流通全体の解決すべき課題となっている。

（２）施設整備から機能整備に、市場再整備ハード面の課題

　改正市場法によって、中央市場と地方市場の垣根は無くなった。

　また、同時に市場施設の再整備に対して国が支援する要件として、①流通の効率化（物流）、②品質管理（HACCP）、③情報（IOT）、④輸出、⑤関連施設（関連事業者棟ではない）との連携の５点を盛り込んだ合理化計画をたて、農水大臣の認定を受けなければならなくなった。５点全てを盛り込むことは要件ではないが、基本的には「施設を整備し、そこに機能を付加する」のではなく５点の機能を備える施設であるかどうかが国の財政支援の要件となる。とりわけ、輸出の課題は国の経済政策の柱とあって、優先的に位置付けられている。

　かつて「トレース・アビリティ」などが支援を受けるキーワードになっていた時代もあるが、「輸出」の強化は、国内生産力・加工流通の強化と一体である、「輸出のための施設」ではなく「輸出にもつながる機能」程度の弾力的な運用が必要だろう。

　市場流通は従来、国内での安定供給を主要な目的としており、マーケットとしての国外は輸入が主であり、輸出は鮭鱒魚卵など一部にとどまっていた。しかし、コロナ禍でのグローバル時代は、国内産業の育成・発展を図ることで国内外への販売力を強化することが課題となっている。第一次産業に直結した市場流通を活用し活性化させることが、輸出拡大に向けた大きなツールとなることは明らかであり、市場業界もまたこう問題意識に立った市場施設機能の検討が求められてくるだろう。

機能優先の施設整備による新たな市場活性化

　国の施設整備方針は、老朽化による建て替えではなく機能優先の施設整備である。

　従来は施設も業務も自治体が責任を持つことが卸売市場の原則であったが、機能優先の施設が国の方針となった以上、市場再整備のあり方もまた変わら

なければならないだろう。旧卸売市場法の市場施設整備は、卸売場や駐車場など施設ごとの補助基準となっていて、その施設にどのような機能を付加するかは施設完成後の課題であった。

こうした施設整備の方針が変更されたことによって、今、多くの卸売市場が直面している施設整備は、単にコスト負担などのデメリットだけでなく、新たな市場活性化などの可能性も期待できるようになった。なぜならば、国の支援対象が中央市場だけでなく民営地方市場にも拡大され、機能優先となったことで市場業界が主体的に関わることができるようになったからである。

従来ならば、行政がコンサル企業に発注し策定した計画が出された後に業界が要望を出し手直しをするというパターンであったが、これがが変わりつつある。すでに取り組まれている広島や金沢、浜松など、基本構想の段階から行政とコンサル企業だけでなく業界が入って論議を行なっている。方針が決まるまでは時間がかかるかもしれないが、後悔のない市場つくりとなるだろう。

4 機能優先の施設整備の進め方

機能優先の施設整備とは何か

そうした流れの中で、市場の施設整備も新たな考え方で取り組まれ始めている。

公設市場における施設整備は従来からPFI導入の検討を義務づけられていたが、実際には他の公共施設に比べるとPFI導入はほとんど実現しなかった。近年は金沢や川崎北部の中央市場だけでなく木更津や福山など地方市場においてもサウンディング型市場調査事業が採用され、民間企業の提案によって整備を進めていくPFI事業が導入しやすい環境づくりが進められている。

さらにPFI事業推進のためのツールとなるのが「余剰地」の設定である。旧市場法の規定による売上げと施設規模の基準によって現有市場規模の3～

4割を余剰地とし、この部分を市場法適用外の民間企業誘致ゾーンとして計画している。この方式によって「余剰地」部分は民間コストで機能整備がなされることになる。いわば改正市場法を活用した新たなPFIの一種ともいえる考え方であり民間企業の関心も高くなっている。

　しかし、問題も出てきている。それが施設整備の期間の長さである。

　中央市場の多くは規模が大きく業種も多様であるため、再整備にかかる期間は10年以上を設定しているケースも出ている。10年以上かけて完成する「機能優先の市場施設」が完成時の社会的ニーズに対応できるのか、市場業界からも大きな懸念が出されている。

　機能優先の施設整備を行い大型需要者の誘致を行おうとしても、果たして大手の企業が10年以上後に完成する施設を待つだろうか。

行政と業界の感覚のズレはどこから生まれるか

　行政と業界の、こうした感覚のズレはどこから生まれるのだろうか。

　PFI導入が前提とはいえ、あくまで市場の施設整備は行政主体でコンサル等に発注し、基本構想、基本計画、基本設計、実施設計の段階を踏んで着工に入る。この考え方の前提は市場全体の全面建て替えであり、営業しながら再整備を行う「スクラップ＆ビルド」方式とするか、仮設を用意し更地にして建て替えるかの二者択一になっている。

　しかし改正市場法が求めるものは、10年以上かけて立派な施設を建設する「施設整備」ではなく、「機能整備」である。

　現在の市場業界の体力から考えると、全面建て替えによって使用料負担が増えることは耐えられないだろう。業界は当然、全面建て替えとなっても使用料はせいぜい1.5倍程度に抑えることを要望するだろう。

　これに対し、「余剰地」の活用で利益を生み出し、その利益で市場施設の整備コストを軽減させる考え方は極めて不確定な要素が大きい。行政負担が結果的に増える可能性が高いのではないだろうか。

　この課題をクリアするには、従来の行政と市場外企業による委託ではなく、

基本構想段階から行政と業界、コンサルが協議を進めて計画を立てるべきである。そして全面建て替えを前提とした工程表ではなく、業界が今、最も必要としている機能を導入した施設から優先的に、部分的に整備すべきではないだろうか。それが改正市場法の想定する「機能優先の施設整備」である。改めて言うまでもなく、多くの民営地方市場はそうした考え方で機能強化を進めている。

　問題はハード面のコスト負担だが、この面で改正市場法は中央市場だけでなく民営地方市場の再整備にも機能整備を条件に国の財政支援対象となる可能性が出てきている。

5　まとめ

　「コロナ禍による市場流通の変化と対応」について、最も大きな変化は食品産業のサプライチェーンとして基幹的な役割を担う市場流通に対する評価の高まりであり、その何よりの証が様々な市場外企業からの市場流通参入である。

　改正市場法制定時に市場業界から出されていた懸念は、大手量販店や全農、全漁連等が自ら大規模卸売市場を開設することによる既存市場流通への打撃であった。しかし、2020年（令和2年）6月の改正市場法施行時までの認定卸売市場は、既存中央市場は全市場が認定され、千以上あった地方市場も900以上申請し、それほど大きな減少とはなっていない。

　全国約1,000か所に展開している卸売市場は、今までの「市場は数が多すぎるので統合再編による再編が不可避」の常識を覆し、全国に網羅されている卸売市場を物流と情報のネットワークによってサプライチェーンの流通拠点として、また新たな食品流通の社会インフラとして活用しようという位置付けに変わりつつある。

　コロナ禍における市場流通は、ウイルス等の世界的危機における国内農水産物の生産と輸出拡大、国内食品サプライチェーンの効率化への貢献、の2つの視点から動き出すことになるだろう。

３　５兆円目標の実現に向けた農林水産物・食品の輸出力強化と高付加価値化
～コロナを契機とした需要変化への対応と流通の革新～

（１）　５兆円目標の実現に向けた農林水産物・食品の輸出力強化

① グローバル産地づくりの強化　　　　　　　　　　　36億円　　（　　　5億円）

② 輸出本部の下での輸出先国の規制緩和・撤廃に向けた取組の強化、輸出手続の円滑化

　　　　　　　　　　　　　　　　　　　　　　　　　　32億円　　（　　17億円）

③ 輸出向けHACCP施設の整備　　　　　　　　　　79億円　　（　　15億円）

④ 戦略的なマーケティング活動の強化　　　　　　56億円　　（　　28億円）

⑤ 食産業による海外展開、多様なビジネスモデルの創出　　14億円　　（　　　7億円）

（２）　知的財産の流出防止、規格・認証の国際化対応

① 植物品種等海外流出防止総合対策事業　　　　　6億円　　（　　　1億円）

② 農業知的財産保護・活用支援事業　　　　　　　1億円　　（　　　1億円）

③ GAP（農業生産工程管理）拡大の推進　　（持続的生産強化対策事業）　215億円 の内数（　194億円の内数）

　　　　　　　　　　　　　　　　　　　（グローバル産地づくりの強化）　36億円 の内数（　5億円の内数）

④ 地理的表示保護・活用総合推進事業　　　　　　3億円　　（　　　－　　）

（３）　農林水産物・食品の高付加価値化と流通の合理化・高度化

① 6次産業化の推進　　　　　　　　　　　　　　95億円 の内数（　31億円の内数）

② 流通の合理化・高度化　　（強い農業・担い手づくり総合支援交付金）　245億円 の内数（　200億円の内数）

　　　　　　　　　　　　　（食品等流通持続化モデル総合対策事業）　25億円　　（　　　2億円）

農水省・令和３年度予算概算要求より

〈監修者〉
市場流通ビジョンを考える会幹事会
代表幹事：磯村信夫（㈱大田花き・代表執行役社長）
　幹事（50音順）：青木一芳（㈱宇都宮花き・代表取締役社長）、伊藤裕康（中央魚類㈱・代表取締役会長）、川田光太（東京青果㈱・常務取締役）、小池潔（㈱フローレツエンティワン・代表取締役社長）、早山豊（全国水産物卸組合連合会・会長）、原田篤（横浜丸中ホールディングス㈱・代表取締役社長）、藤島廣二（東京聖栄大学・常勤客員教授）、本田茂（HS経営コンサルティング㈱・代表取締役社長）、松尾昌彦（横浜丸魚㈱・常務取締役）、矢野泉（広島修道大学・教授）、渡辺省三（㈱ベジテック・専務取締役）

〈編集・執筆者〉
藤島廣二（東京聖栄大学・常勤客員教授）
　担当：第1章　消費・購買行動の変容と影響

〈執筆者（執筆順）〉
宮澤信一（㈱農経新聞社・代表取締役社長）
　担当：第2章　コロナ禍による青果物市場流通の変容
八田大輔（㈱水産経済新聞社・報道部部長代理）
　担当：第3章　水産物市場の変化と業者行動の変容
阿比留みど里（㈱ヒューマンコミュニケーションズ・代表取締役）
　担当：第4章　花き市場への影響と販売行動の変容
高井紀充（情報システム㈱・代表取締役社長）
　担当：第5章　コロナ禍に打ち勝つ販売戦略のあり方
上村聖季（㈱kikitori・代表取締役社長）
　担当：第6章　流通環境の変化に対応するためのDX化
中原勝由（JFEエンジニアリング㈱・流通システム部課長）
　担当：第7章　商流・物流両面から進める卸売市場のスマート化
平澤弘行（サピエンステクノロジー・ジャパン㈱・執行役員営業部長）
　担当：第8章　コロナ禍の対応策
濱田武士（北海学園大学・教授）
　担当：第9章　コロナ・ショックと水産物卸売市場の行方
淺沼進（東京海洋大学・前教授）
　担当：第10章　「機能中心の施設整備」の推進

コロナ禍による経済的変化と対処方策

コロナ禍下・後の市場流通のあり方を考える

2021 年 5 月 31 日　第 1 版第 1 刷発行

監　修◆ 市場流通ビジョンを考える会幹事会
編　集◆ 藤島廣二
発行人◆ 鶴見治彦
発行所◆ 筑波書房
　　　　東京都新宿区神楽坂 2-19 銀鈴会館 〒162-0825
　　　　☎ 03-3267-8599
　　　　郵便振替 00150-3-39715
　　　　http://www.tsukuba-shobo.co.jp

定価はカバーに表示してあります。

印刷・製本 = 平河工業社
ISBN978-4-8119-0602-7　C3033
ⓒ 2021 printed in Japan